Silvia Ostertag

Erleuchtung und Alltag

Das Buch

Der Mensch ist unheilbar religiös, so sagte vor vielen hundert Jahren ein Kirchenvater. Diese These scheint sich heute besonders zu bestätigen. Spirituelle Aufbrüche auf allen Ebenen und quer durch die gesellschaftlichen Schichten – vielfach ohne explizite kirchliche Bindung, doch nicht weniger ernsthaft. Die Menschen empfinden ein Ungenügen an einem rein äußerlichen Leben, sie suchen nach etwas Tieferem. Viele suchen und finden Hilfe auf diesem Weg bei Zen-Lehrerinnen und -Lehrern. Doch was geschieht auf dem Zen-Weg? Was ist mit dem geheimnisvollen Zustand gemeint, den viele „Erleuchtung" nennen? Wer kann diesen Weg gehen? Worauf ist zu achten? Über 30 Jahre lang hat Silvia Ostertag ein eigenes Meditationszentrum geleitet. Sie spricht über alles, was ein Lernender gehört haben sollte – soweit sich das Unsagbare eben noch mit Worten erreichen lässt.

Autorin

Silivia Ostertag, Rin'un Roshi, leitete bis zu ihrem Tod im Jahr 2011 die Bildungsstätte Seeg, die sie gemeinsam mit ihrem Mann 1977 gründete. Sie war Zen-Meisterin der Sanbô Kyôdan-Schule (Schulung unter Willigis Jäger und Masamichi Yamada) und Begründerin des »Initiatischen Gebärdenspiels nach Silvia Ostertag®«.

Der Herausgeber

Michael Seitlinger, Theologe und Leiter des Forums Achtsamkeit und Stressbewältigung in München: www.forum-achtsamkeit.de. Freiberuflich tätig als Meditationslehrer, Supervisor und Coach: www.michael-seitlinger.de

Silvia Ostertag

Erleuchtung und Alltag

Erfahrungen einer Zen-Meisterin

Im Gespräch mit Michael Seitlinger

HERDER

FREIBURG · BASEL · WIEN

HERDER spektrum Band 6704

Geleitwort von Martin Huber, Förderer der Neuausgabe 2014:

„Im unauslotbaren Ozean spiritueller Literatur sind die Gespräche zwischen Michael Seitlinger und Sylvia Ostertag ein Kleinod. Hier geht es vorrangig um Übungspraxis, Handwerk und den Erwerb einer Kartografie, um die eigenen inneren Prozesse besser zu verstehen. Was ist überhaupt Erleuchtung? Silvia Ostertag weicht dieser Frage nicht aus und ihre klare Beschreibung wird vielen Lesern helfen, eigene absurde Fantasieprodukte zu entsorgen. Allein wegen dieses Kapitels ist das Buch für mich ein Muss."

www.herder.de

Umschlagkonzeption: Agentur RME Roland Eschlbeck
Umschlaggestaltung: Verlag Herder
Umschlagmotiv: © Etsuko und Joe Rice Collection, Los Angeles County Museum of Art

Herstellung: CPI – Clausen und Bosse, Leck

Printed in Germany

ISBN 978-3-451-06704-4

Inhalt

Einleitung

Ich habe noch lebendig die Situation vor Augen, als ich igendwann im Jahre 2005 in einer Buchhandlung die Festschrift für den Benediktiner und Zen-Meister Willigis Jäger zu seinem 80. Geburtstag in die Hand genommen habe. Ich blätterte in dem Sammelband – der Titel: »Mystik – Spiritualität der Zukunft.«[1] und fand einige interessante Autoren und Themen darin, die mir irgendwie – wenn ich das einmal so sagen darf – auch schon zu vertraut waren, als dass ich mich zu einem Kauf hätte entschließen können. Aber da stand dieser kurze Beitrag »Begegnung mit Schatten« von Silvia Ostertag im Inhaltsverzeichnis. Ich verstand nicht gleich, war aber neugierig und schaute auf der entsprechenden Seite nach. Es begann mit dem Satz: »Von Stille keine Spur, als ich das erste Mal das Sitzen in der Stille probierte.« Das hat mir gefallen! Was folgte war ein sehr persönlicher Bericht über einen nicht gerade leichten Einstieg in die Übungspraxis der Zen-Meditation. Ich kaufte das Buch!

Das war der Ausgangspunkt für einen Kontakt, der schließlich zu dem vorliegenden Buch geführt hat. Meine Idee war, mit Silvia Ostertag ein Interview, ein Gespräch zu führen über grundlegende Fragen der Übungspraxis in der Zen-Meditation; also kein Gespräch zu übergreifenden und interreligiösen Fragen in der Vermittlung von Zen im Westen – das wird nur kurz thematisiert. Es sollte ein Gespräch werden, das sich ganz konkret auf den Erfahrungsweg ausrichtet, ein Gespräch, das Fragen behandelt, die ganz nah am Prozess des Übens entlang gehen – gerade so, wie ich Silvia Ostertag auch in ihrem Bericht über den eigenen Übungsbeginn im oben genannten Artikel »kennengelernt« hatte.

Ich hoffe, dass dies mit dem vorliegenden Buch gelungen ist. Es will Einblick geben in die vielfältige Erfahrungswelt der

Zen-Praxis und Themen behandeln, die für den eigenen Übungsprozess bedeutsam sein können; so kann es die eigene Übung als Orientierungshilfe begleiten. Wenn von *Übung* die Rede ist, dann ist damit nicht nur die spezielle Sitz-Meditation, also das Sitzen in der Stille (*Zazen*) gemeint, sondern ebenso der Alltag, in dem diese Übung ihre Fortsetzung findet. Das spielt über alle Kapitel hinweg eine Rolle, auch wenn es dazu ein eigenes Kapitel gibt. Denn der Zen-Weg ist als Lebensweg gemeint, er bezieht sich auf das *Ganze* des Lebens. Wenn ferner im Gespräch das Wort *Meditation* gebraucht wird, ist immer – das sei angesichts der vielen Formen von Meditation gesagt – die Übung der inneren Stille und Gegenwärtigkeit gemeint, wie sie im Zen praktiziert wird.

Das Buch gibt in der Form eines Interviews einen Gang über sieben Kapitel durch sieben Themenbereiche wieder.

Das erste Kapitel *Getroffen vom Unbedingten* hat insofern einen eigenen Charakter, als dass es Einblick gibt in die Biografie von Silvia Ostertag und damit Einblick in den Zusammenhang, wie sie selbst zur Zen-Meditation gefunden hat. Das ermöglicht einen Eindruck von der Bedeutung und dem Stellenwert, den diese Übung und Haltung in ihrem eigenen Leben hat – und wie es dazu gekommen ist.

Im zweiten Kapitel *Warum? Wozu? Wie?* geht es um Motivationen und möglicherweise auch Befürchtungen am Anfang des Übens, ferner wird eine kurze Einführung in die Grundübung gegeben.

Dranbleiben und weitergehen ist ein Kapitel, das sich damit befasst, wie es einem ergehen kann auf dem Übungsweg. Es werden mögliche Stationen, Phasen, Schwierigkeiten und eben auch Sackgassen des Übens besprochen.

Die Stille-Übung wirkt in die Tiefe der eigenen Persönlichkeit hinein, sodass auch unaufgearbeitete Aspekte und Anteile in der jeweiligen Persönlichkeitsstruktur berührt werden. Damit verbunden ist die Frage, inwieweit die Meditation eine heilende Qualität hat, worin die Gemeinsamkeiten und worin die Unterschiede zum therapeutischen Herangehen bestehen. Das ist das Thema im Kapitel *Angst, Trauer, Wut und Schmerz*.

Das darauf folgende Kapitel heißt *Erleuchtung* – ein großes Wort! Es wird gesagt, dass man darüber nicht sprechen kann, weil alle Worte das, was die Erfahrung meint, ganz und gar verfehlen. Andererseits wachsen und wuchern Gerüchte und Vorstellungen darüber, wohl auch so manches Missverständnis. Dieses Kapitel tastet sich an dieses Thema und versucht ein Verstehen darzulegen, soweit dieses eben in Worten (überhaupt) möglich ist.

Das Kapitel *Jetzt-da-Sein* rückt in besonderer Weise den Alltag als Übungsort und als eigentliches Ziel allen Übens in den Blickpunkt.

Den Abschluss bildet das Kapitel *Meditation und Religion*. Der Meditationsweg ist ein Weg, der in den Wesensgrund der Wirklichkeit führen will, in die Erfahrung einer Einheit, die über alle Bilder und Vorstellungen hinausgeht. Inwieweit ist dafür der Bezug auf religiöse Vorstellungen und Bilder nötig, hilfreich oder aber auch hinderlich? Das sind Fragen die – allerdings nur in ein paar wenigen Grundzügen – in diesem letzten Kapitel behandelt werden.

Die Kapitel folgen einer gewissen Logik, bauen aber nicht im strengen Sinne aufeinander auf, sodass ein Einstieg auch da und dort möglich ist.

Ich darf nun dem Leser wünschen, dass er Anregungen und Anstöße in diesem Buch finden möge. Das intensive Gespräch mit Silvia Ostertag hat mich selbst in vielem bestärkt und motiviert, weiterzugehen auf einem Weg, das Leben immer tiefer zu entdecken. Dafür möchte ich meine Dankbarkeit aussprechen.

München, April 2008
Michael Seitlinger

Vorwort

Ich habe gezögert, als Michael Seitlinger mir die Idee zu diesem Buch unterbreitet hat. Wie zu den vorgeschlagenen Themen sprechen, wenn diese Fragen – wohl viel bedacht – nicht aus einem aktuellen Anliegen von Übenden aufsteigen? Wir trafen uns »zur Probe«, und das Gespräch zeigte mir: Mein Gesprächspartner fragte mich nicht aus in der Art eines anonymen Publizisten, was mich zum Verstummen gebracht hätte, sondern ich empfand in Michael Seitlingers Fragen ein Zusammenwirken von persönlichem Interesse vor dem Hintergrund eigener Weg-Erfahrung und von dem Herzensanliegen, stellvertretend für Menschen, die sich auf einem spirituellen Weg befinden oder sich für ihn interessieren, klärende und anregende Aspekte zu behandeln. Wir erlebten wohl beide den Draht zu einem möglichen Leser, der das Gespräch mit inspirierte. In diesem Sinn mochte ich gerne einen Beitrag leisten zur Erweiterung des Verständnisses eines spirituellen Weges und zur möglichen Vertiefung der Praxis der Stille. Wie allgemein dieser gelten mag, ist eine andere Frage; solchen Anspruch hat er nicht.

Danken möchte ich – auch im Namen von Michael Seitlinger – Ute Bujard und Mechthild Beckmann: Sie haben freundlicherweise die Tonaufnahme zur Manuskriptvorlage transkribiert. Danken möchte ich meinem Mann, Albrecht Ostertag, der uns mit seinem kritischen Blick bei der notwendigen Kürzung auf die Hälfte des Umfangs und bei der Durchsicht des nun verbliebenen Textes beigestanden hat. Dank gebührt auch Helga Gramlich für ihre hilfreichen Kommentare zum Manuskript.

Seeg, April 2008
Silvia Ostertag

Getroffen vom Unbedingten

Eigener lebensgeschichtlicher Zugang zur Zen-Meditation

M: *Ich möchte gerne in das Gespräch einsteigen mit der Frage, wie Sie selbst in Ihrem Leben auf den Zen-Weg gekommen sind. Dieser Weg fordert in seiner Konsequenz die eigene Existenz in hohem Maße heraus, sodass sich die Frage aufdrängt: Wie kommt man dazu? Welche Personen und Erlebnisse in Ihrer Lebensgeschichte waren prägend, sich dieser Übung so intensiv auszusetzen?*

S: Dazu kommen mir viele Menschen und Situationen in den Sinn; diese alle zu erwähnen, würde in diesem Rahmen viel zu weit führen. Die wichtigste Erfahrung in Bezug auf meinen späteren Zen-Weg scheint mir jedoch das Erlebnis mit dem *einen* Ton zu sein. Ich habe davon schon in anderem Zusammenhang geschrieben, so zögere ich fast, davon wieder zu berichten. Aber es war nun einmal eine Art Schlüssel-Erfahrung, die mich sehr geprägt hat.

M: *Dann erzählen Sie!*

S: Ich war 13 Jahre und übte schon ein paar Jahre lang Cello, und ich war durch Schallplattenaufnahmen auf Pablo Casals, diesen großen Cellisten des letzten Jahrhunderts, aufmerksam geworden. Zumal seine Bach-Suiten hatten mich ungeheuer bewegt. Ich wusste, dass er bei den Zermatter Sommer-Meisterkursen unterrichtete, und ich hätte viel darum gegeben, einmal bei einer solchen öffentlichen Unterrichtsstunde dabei sein zu können, um ihn persönlich zu erleben. Daran war nicht zu denken, da ich ja Schule hatte, bis ich dank einer überraschenden Einladung und einer unverhofften Knieverletzung, die mich von der Schule befreite, auf einmal doch dort inmitten der Hörerschaft saß. Ein junger Cellist spielte einen Satz aus einer Beethovensonate. Als er geendet hatte, nahm Casals sein Cello, und ich weiß noch, wie ich ganz Ohr war: Was wird er sagen, Casals, wie wird er selber spielen? Casals nahm den Bogen und probierte für einen Moment den Bogen auf der leeren Saite aus. *Einen* Ton strich er so.

Eigenartig: Indem ich es erzähle, ist mir, als sei es eben erst geschehen: dass dieser eine Ton mich zuinnerst traf und einfach alles erfüllte. Ich wusste – ein für alle Mal: Es gibt auf der ganzen Welt nichts anderes als diesen *einen* Ton. Das hatte nichts zu tun mit etwas Schönem, obwohl – stimmt das? Der Ton, er *war* schön, nicht im gewöhnlichen Sinn. Was hätte als Wort am ehesten gepasst? »Absolut« passt für mich jetzt. Der Ton war *absolut* schön, war absolute Wirklichkeit. Und sogleich war alles, was ich wahrnahm, von eben dieser Wirklichkeit. Was ich mit den Augen sah, war dieser Ton. Mit Akustischem hatte es nichts mehr zu tun. Mein Dasitzen war dieser Ton; auch die Menschen um mich herum – sie waren alle dieser eine Ton. Für mich war es, als ob Großes geschehen sei, etwas Kosmisches, was alle Welt ergriffen haben musste. – Casals begann dann zu unterrichten. Es war beeindruckend und spannend, aber das Wesentliche war, dass für mich jedes Wort und jeder Ton nichts anderes war als dieser eine Ton, obwohl ich differenziert mitbekam, was Casals tat und meinte.

Die Verfassung, die von diesem *einen* Ton ausgelöst wurde, hielt etwa drei Tage an. In diesen drei Tagen war alles vollkommen in Ordnung, so wie es war. Gleichzeitig aber machte ich die eigenartige und dann mehr und mehr enttäuschende Erfahrung, dass es für andere, die dabei waren, nicht so war. Zunächst konnte ich es nicht begreifen. Ich meinte, wir müssten doch alle im Einverständnis sein über das, was uns in diesem Ereignis getroffen hatte. Ganz allmählich erst merkte ich, dass dieses Ereignis »nur« ein subjektives Erleben war. Und damit kam nach und nach auch eine Unsicherheit auf. Wie wenn ein Geisterfahrer sich auf einmal zu fragen beginnt, warum wohl die anderen alle in die verkehrte

Richtung fahren. So war es für mich. Konnte es denn sein, dass andere nicht gehört hatten und nicht sahen, was so offensichtlich war? Oder war ich selbst vielleicht plötzlich »verkehrt«? War nur mit mir etwas geschehen, was machte, dass alles nach dem *Einen* klang? Was machte, dass jede Bewegung und Begegnung so ganz direkt und voll geschah, ohne dass es zusätzliche Bedeutung brauchte?

Dann ist dieses Erleben mehr und mehr verklungen. Es hatte aber zur Folge, dass ich, wieder zu Hause, sofort aufhörte, selber Cello zu spielen. Dies war nun ein Weiteres, was niemand verstand. Gerade jetzt, wo ich den großen Cellisten erlebt hatte und von ihm begeistert war, gerade jetzt wollte ich nicht mehr Cello spielen! Erklären konnte ich es nicht so recht. Ich habe zu meiner Lehrerin, die ich sehr liebte, gesagt: »Ich übe in die falsche Richtung, das ist es. Ich übe in einer Weise, die mich gegenüber dem, was ich erfahren habe, zumacht.« Und ich habe zu ihr gesagt: »So sehr ich Sie schätze – auch Ihr Unterricht führt mich in die falsche Richtung, so spüre und meine ich es. Und darum soll mein Cello schweigen, bis ich von innen her spüre, was zu tun ist, damit ich mich diesem Ton, den ich gehört habe, nähere.« Am liebsten hätte ich nicht nur mit dem Cello aufgehört. Mein ganzes Leben hätte ich am liebsten radikal geändert, da ich fühlte, wie der Alltag mich dem Erfahrenen wieder verschloss. Aber wie? Ich hatte Vertrauen, dass sich das Tor irgendwann wieder zeigen und öffnen werde. Und es war schon nicht leicht, die Entscheidung bezüglich des Cellos durchzuhalten, denn natürlich sagten Eltern und Lehrer mit Recht: Du bist dreizehn; wenn Du jetzt aufhörst, verpasst Du die wichtigste Übezeit Deines Lebens, was die Technik anbetrifft.

M: *Würden Sie sagen, dass es eine Entscheidung war, die Sie auch im Nachhinein noch für richtig halten? Sie haben für eine Dreizehnjährige schon sehr einschneidend reagiert.*

S: Ich weiß nicht. Ich konnte nicht anders. Vielleicht, – mit einem anderen Lehrer hätte ich – aber was soll das »hätte«. Es war nicht so, dass ich überlegt habe: »Soll ich vielleicht doch« – das gab es nicht, das gibt es auch heute nicht. Aber Tatsache ist, dass ich fast vier Jahre verstreichen ließ, ohne das Cello zu berühren. Ich bin, wohl auch darum, immer auf einem niedrigen technischen Niveau geblieben. Aber wo wäre ich sonst geblieben?

M: *Dann war das so eine Art innerer Verpflichtung, nicht einer äußeren Richtigkeit zu folgen, sondern zu lauschen, zu warten, das Ohr offen zu halten, was da tiefer sein will?*
S: Ja, es war ein inneres Gebot.

M: *Eine Unbedingtheit, die die Situation von Ihnen gefordert hat.*
S: Ja – und ich erinnere auch den Moment, da ich eines Morgens aufwachte und wusste: Jetzt finde ich selber die Richtung in meinem Üben. Und von dort an habe ich wieder gespielt und dann auch wieder einen Lehrer gefunden.

M: *Wenn ich daran anschließen darf: Erinnern Sie weitere Stationen, wo diese Richtung, wie Sie sagen, zum Tragen kam?*
S: In ganz anderer Weise wurde ich, so kann ich es von heute aus sagen, zwei Jahre später von meinem Konfirmationspfarrer Fritz Buri in Richtung Zen gewiesen. Dieser große Theologe war, lange nach meiner Konfirmationszeit, Gastprofessor an japanischen Universitäten (Tokyo und Kyoto), und hat das Buch »Der Buddha-Christus als der Herr des wahren Selbst«[2] verfasst. Wir hatten später auch wieder Kontakt, aber das für mich Prägende geschah in seinem Konfirmationsunterricht, vor allem und immer wieder in den Stunden, in denen wir Fragen stellen durften. Ein Glück für mich, denn ich hatte viele Fragen.

Einmal fragte ich: »Was ist das eigentlich – Verantwortung?« Fritz Buri sagte im Laufe des Gesprächs den Satz:

»Verantwortung geschieht, wo wir uns nicht mehr zuschauen können.« Ich wollte gerade weiterfragen und verstummte dann doch am Nachklang dieser Worte. Dann habe ich die Antwort über Jahre oder Jahrzehnte vergessen, aber irgendwann ist sie wieder aufgetaucht, aus der Übung der Stille heraus ist sie wieder da gewesen, aus der Übung des Sich-Loslassens, aus dem Sich-Überlassen bis dorthin, wo man sich nicht mehr zuschauen kann – und sich eins erfährt mit dem, was geschehen will –, da ist das Wort wieder aufgetaucht. Und ich verstand, dass meine tiefste Verantwortung ist, mich loszulassen, bis ich mir nicht mehr zuschauen kann, sodass ich *Es* tun lasse.

M: *Sie waren zu dieser Zeit ja noch ein Teenager, wie man sagt, vierzehn, fünfzehn, sechzehn. Wie hat sich das für Sie weiter entwickelt? Wie kam es zum Kontakt mit Zen, mit der expliziten Zen-Praxis?*
S: Das kam durch Karlfried Graf Dürckheim[3], zu dem ich Jahre später gefunden habe, mehr aus Not als aus Interesse. Diese Not hatte zu tun mit dem, was ich damals bei Pablo Casals erlebt hatte, und was sich in manchen späteren Fühlungen wiederholt hat. Es gab immer wieder solche besonderen Momente, ich kam immer wieder einmal in eine Verfassung von Offenheit für das Eigentliche, wie ich heute sagen würde. Es waren ganz andere Auslöser, aber immer wieder war auf einmal alles absolut klar, wesensklar. Und genau mit solchen Erfahrungen und der dazu nicht passen wollenden gewöhnlichen Realität fand ich mich nicht zurecht. Diese Kluft empfand ich als eine persönliche Absurdität, und darin fürchtete ich mich.

M: *Gab es denn da nicht auch schon Möglichkeiten, das zu verstehen, es einzuordnen? So, wie Sie erzählen, hat sich diese Art von Erleben spontan von Zeit zu Zeit eingestellt. Konnten Sie sagen: »Aha, das ist was Richtiges« und keine Geisterfahrerei; hatten Sie nicht »Landkarten«, die Ihnen geholfen haben, das Erlebte einzuordnen?*

S: Nein. Wohl habe ich herumgelesen in der theologischen und philosophischen Literatur, Kierkegaard intensiver studiert und Karl Jaspers' Vorlesungen in Basel besucht – diese beiden erwähne ich, weil sie mich tief berührten und für Momente beruhigten –, aber eine Lösung geschah mir dadurch noch nicht. Auch von Heilswegen wie dem Yoga hörte und las ich, fühlte mich davon aber nicht angezogen. Zum autogenen Training wurde ich einmal geschickt, und der Arzt fragte, was mein Problem sei, und ich sagte, ich bekomme die beiden Welten nicht zusammen, die innere und die äußere. Er daraufhin: »Das ist eine Frage der Entspannung.« Bald war ich bleischwer, wie gewünscht, und warm war mir auch. Aber beim Abschied versicherte ich: »Ich werde nicht wiederkommen!« Er war erstaunt, denn es hatte doch gut funktioniert, wie er betonte. »Ja, schon, aber es hat mit mir nicht wirklich zu tun, ich empfinde es wie eine Technik, die nicht *mich* berührt, die nur meinen Geist manipuliert. Das ist nicht mein Weg.« Bitte, ich will damit nichts gegen autogenes Training sagen. Ich erzähle nur, wie diese Erfahrung damals auf mich gewirkt hat. Ich wollte keine Beruhigung und Besänftigung, ich wollte die Wahrheit wieder finden, die mich in Erfahrenem getroffen und geweckt hatte.

M: *Ja, das ist ja ähnlich wie in dem ersten Erleben mit dem Ton, von dem Sie vorhin erzählt haben, dass sich da ein Maßstab eingestellt hat, an dem gemessen Sie mit einer bestimmten Art von Richtigkeit nicht mehr zufrieden waren.*

S: Ja. Es ging so weit, dass wohlwollende Beruhigung, die mir auf manche Art angeboten wurde, in mir eher die Verzweiflung verstärkt hat. Es kam eine Art Angst dazu, ich könnte durch Beruhigung an der Sache vorbeigehen. So war es eine Art von spiritueller Panik, die mich zu Graf Dürckheim führte.

M: *Noch einmal: War es die Panik, diese Art von Erleben nicht mehr wieder zu finden beziehungsweise zu verlieren? Oder sie mit Techniken zu überdecken?*
S: Es war die Angst, das Zerrissenheitsproblem zu überdecken und nicht wirklich zu lösen und damit die – wie heißt gleich das Wort für das Gegenteil von Integration?

M: *Dissoziation.*
S: Ja, die Dissoziation zu verstärken und daran verrückt zu werden.

M: *Welche Dissoziation? Zwischen diesen beiden Welten? Diesem Absoluten und dem »normalen« Lebensgeschehen?*
S: Ja, zwischen einer Wirklichkeit, in der mir in allem ein Absolutes aufschien, ein Einziges und Unbedingtes, das mich von sich aus und an sich erfüllte, und dem normalen Bewusstseinszustand, in dem ich mich von dem Lebensgeschehen mit seinen gewohnten Werten noch genauso abhängig empfand, und in dem ich an all den Ungereimtheiten in mir und um mich herum und an der Not in der ganzen Welt weiter litt und doch wusste, nein ahnte, dass die Identifikation mit diesem Bewusstsein eine Täuschung war, und ahnte, dass es einen heilenden Erfahrungsweg geben musste. Mit diesem Problem also bin ich dann –

M: *Zu Karlfried Graf Dürckheim gekommen?*
S: Ja. Jemand erzählte mir von Graf Dürckheim und von seiner Arbeit und von seinen Büchern. Bei den ersten Andeutungen ahnte ich, dort einen Weg zu finden. Und die erste Begegnung mit Graf Dürckheim bestätigte, dass ich den rechten Ort gefunden hatte. Allein zu spüren, dass dieser weise und warmherzige Mann von dem Leid wusste, das ich als eine Art Ruf und nicht einfach als zu behebende Krankheit empfand, war lindernd. In seinem Blick zu sehen, dass er um die Qualität der Erfahrung wusste und um das Problem

der Integration. Ich musste nicht lange beschreiben. Ich wusste mich verstanden.

M: *Und dann?*
S: Dann folgten zunächst viele Gespräche mit ihm, wöchentliche Gespräche, bis er einmal zu mir sagte, ich solle doch zu diesem Sitzen in der Stille kommen, zu dieser Meditation, die er anbiete. »Meditation im Stile des *Zen*« wurde die Übung genannt, in der man sich in die aufrechte Haltung des *Zazen*[4] begab und die Aufmerksamkeit auf den Atem richtete mit Grundübungsformeln wie: »Sich loslassen, sich niederlassen, sich einswerden lassen« (auf den Ausatem) und »sich neu kommen lassen« (auf den Einatem), um so in eine Stille und Gegenwärtigkeit zu gelangen. Dürckheim sprach jeweils einige einleitende Worte zu der dann folgenden halben Stunde Stille.

M: *Und das war dann das erste Mal, dass Sie explizit die meditative Sitzübung praktiziert haben?*
S: Ja.

M: *Wie alt waren Sie?*
S: 24 Jahre alt. Diese Übung war für mich Herausforderung und Heilung: Herausforderung in dem Sinn, dass meine Selbstbilder zusammengebrochen sind, und dass meine religiösen Konzepte gefallen sind; Heilung, indem ich die Stille irgendwann nicht als Abwesenheit von eben diesen wegfallenden Phänomenen erfahren habe, sondern als *Anwesenheit schlechthin.*

M: *Können Sie das ausführlicher schildern? Wie ist es Ihnen beim ersten Mal ergangen?*
S: Es war schlimm. Zunächst hatte ich meine Probleme mit den Knochen, die sich nicht so legen wollten, wie sie sollten, sodass mir nach kürzester Zeit alles weh tat. Aber das war

dann doch das Harmlose. Das eigentliche Problem war die Stille. Von wirklicher Stille war keine Spur, aber nicht, weil da keine Stille gewesen wäre, so seltsam das klingen mag, sondern weil ich die Stille nicht aushielt. Nichts als diese unendlich weite, pure Stille – ich schien darin verloren zu gehen und kämpfte gegen sie, anstatt mich loszulassen. In diesem Kampf gegen die Weite und Stille wurde mir immer enger, und eine Angst löste die andere ab, schließlich schämte ich mich auch und fürchtete, mich plötzlich zu bewegen oder zu schreien und damit all die anderen, diese vollkommen stillen Geister, zu stören.

M: *Das war wirklich kein komfortabler Einstieg in die Meditation. Wie ist es weiter gegangen?*
S: Dürckheim bat mich, es nur noch einmal zu versuchen. Und das tat ich, und dabei gab es zum einen bald einen Augenblick von totalem Frieden, und zum anderen fühlte ich, dass ich vor dieser Stille nicht fliehen durfte, wenn ich mir selbst nicht grundsätzlich ausweichen wollte.

Aber es war ein schwieriger Prozess, bis ich mich mit diesem Sitzen in der Stille einigermaßen angefreundet hatte. Immer wieder war es mir, wie wenn mir alles, woran ich mich halten konnte, genommen würde in dieser Stille. Und ich beobachtete, wie ich mich von Moment zu Moment mit irgendwelchen Werten oder Bildern zu identifizieren suchte, die mir eine Art konturiertes Ich-Gefühl geben könnten. Und ich wusste gleichzeitig, dass es gar nicht darum ging, denn in den Momenten der Fühlung mit dem Eigentlichen gab und brauchte es nicht diese Art von Ich-Bezug. Da war vielmehr ein einziges Eigentliches, und dieses war nicht »meines«, aber doch war ich nichts anderes als dieses, das da alle Kontur umfasste und durchdrang und dabei unfassbar blieb und weit und still, als sei es Nichts. Von dorther gesehen empfand ich mich selbst immer unecht und nicht wahr, sobald ich mich als »mich selbst« fühlte, und von dorther sehnte ich mich nach dieser reinen Stille, und gleichzeitig war dann in diesem Sitzen in der Stille doch wieder die Angst vor diesem abgründigen weiten Nichts, vor dem horror vacui. Dabei ist mir auch das, was ich für meinen religiösen Glauben hielt, ziemlich weggeschwommen. An dieser Schwelle, wo ich empfand, dass die Stille mein Ich aufhob, da entschwand auch jegliches »Du«. Mein Versuch zu beten, griff ins Leere. Aber gerade, indem ich mich doch immer noch zu halten suchte an einem Ufer, das ich schon als Täuschung wusste, erfuhr ich nicht den Raum, in welchen die Stille mich zog. Den Stille-Raum, in welchem das suchende Ich sich selbst erfährt im schweigenden Du. An dieser Schwelle war angstvolles Dazwischen-Sein.

M: *Wie lange hat sich das hingezogen, diese Phase des Dazwischen-Seins?*
S: Ich weiß es nicht mehr. Lange jedenfalls, sicher monatelang. Ich fühlte mich oft wie gefangen in meiner Bedingtheit und gleichzeitig wie verloren in ein Unbedingtes hinein. Ich erinnere, dass Dürckheim oftmals von einer inneren Mitte sprach als einem Ort, in dem sich im Menschen Erdverbundenheit und Himmelsverbundenheit treffen. Und ich erinnere, wie ich zu ihm sagte: »Bei mir gibt es das nicht.« Mein Trost war, dass für mich diese »Mitte« in seiner Person irgendwie fühlbar war, und so vertraute ich seinen Worten und der Übung, die zu dem eigenen Entdecken führen sollte. Irgendwann kam es – und ich kann nicht sagen, warum oder wie –, dass ich mich hineingelassen habe in dieses, was wie Abgrund war.

M: *Und wo der eigentliche Grund erfahrbar wurde?*
S: So kann man es sagen. Das, was wie Abgrund schien, war in Wirklichkeit *Grund*, unendlich weiter, alles tragender Grund, sobald ich mich nicht mehr halten konnte, sobald mir Loslassen geschah. Denn ich könnte nicht sagen, dass ich los-

gelassen hätte. Ich habe nie loslassen können, ich konnte nur irgendwann nicht mehr halten, mich nicht mehr entgegenhalten. Von diesen Momenten an hatte ich nicht mehr Angst, ich sage nicht: nie mehr Angst; aber ich hatte zumindest keine Angst mehr vor der Angst. Ich wusste jetzt aus eigener Erfahrung, dass die besagte Angst in gewisser Weise zu der Schwelle gehörte, die zu der eigentlichen Heimat führte, zum Ankommen im Eigentlichen. Das hat mir Vertrauen gegeben, sodass ich mir sagte: Und wenn ich Jahrhunderte brauche, bis das Heimkommen mir selbstverständlich wird, ich weiß jetzt, dass es Heimkommen gibt, und dass ich auf dem Weg dahin bin. Von da an hat sich auch vieles in meinem Alltag gewendet. Manche Probleme sind wie von selber weggefallen. Und die »Heimat-Erfahrungen« haben zugenommen, bis sie sich auch einmal verdichtet haben zu einer Erfahrung, die alles bisher Erlebte noch einmal durchbrach.

M: *Bei Graf Dürckheim?*
S: Nein, da war ich schon bei Willigis Jäger[5] und hatte schon viele Jahre selber Meditationskurse in unserem Zentrum gegeben. Dürckheim hatte meinen Mann und mich dazu aufgefordert, nachdem wir beide einige Jahre lang auch als seine Assistenten bei seinen Tagungen mitgewirkt hatten.

M: *Pater Willigis war wohl dann die nächste Station in der Begleitung auf dem Weg? Wie alt waren Sie da?*
S: Ich war vierzig Jahre alt, als ich Willigis kennenlernte. Es war bei einem Katholikentag, an dem wir beide parallel Kurse gaben. Ich hatte gerade mein erstes Buch geschrieben, »Einswerden mit sich selbst«. Einmal überschnitten sich unsere Kurszeiten nicht, sodass ich beim *Zazen* von Willigis teilnehmen konnte, und dann bat ich ihn, mich als Schülerin aufzunehmen.

M: *Was hat Sie dazu motiviert?*

S: Durch die Begegnung mit Willigis kam ich zu dem Eindruck, dass ich spirituell irgendwie stehen geblieben war. Ich fühlte, dass ich mir noch etwas schuldig war, mir und damit auch den mir im Üben Anvertrauten. Und so wollte ich mich gerne in seine Begleitung geben und mich von ihm fordern lassen und noch einmal wie von vorne beginnen.

M: *Kamen in diesem Neubeginn mit Willigis auch noch einmal die alten Ängste herauf? Wie die absolute und die bedingte Wirklichkeit zusammengehen, diese Frage?*
S: Ja, so war es, für kurze Zeit. Ausgelöst dadurch, dass ich meine alten Denk- und Fühlgewohnheiten so deutlich wahrnahm und sie unüberwindbar stark erlebte.

M: *Und wie hat sich das Problem der Zerrissenheit zwischen bedingter und unbedingter Wirklichkeit dann aufgelöst?*
S: Von der durchbrechenden Erfahrung her habe ich mehr und mehr erlebt und erkannt, dass es gar keine Verfassung gibt, die uns von dem Eigentlichen trennen könnte. Wenn man zum Beispiel durch eine Sorge hindurchschaut, kann sich einem genau diese Stimmung als Manifestation des Absoluten offenbaren. Es braucht nicht eine Blume oder einen besonderen Ton oder die Stille. Auf einmal ist die Sorge selbst genau das Tor zur Erfahrung des Einsseins mit dem Unbedingten.

M: *Sodass auf der »Rückseite« jeder Situation die letzte Wirklichkeit zu finden ist?*
S: Ja, das Wort »Rückseite« passt natürlich nur, solange man diese Wirklichkeit nicht sieht.

M: *Es geht also gar nicht darum, sich erst zu beruhigen und unangenehme Zustände zu beseitigen, um zu der Erfahrung des Einen zu kommen?*
S: Das möchte ich nicht als Rat oder Rezept verstanden wissen, sondern nur als Prinzip. Mir hätte diese Einsicht

nämlich nichts genützt, als ich noch zu sehr identifiziert war mit meinen Gefühlszuständen. Aber diese Erkenntnis wirft in der Tat ein Licht auf die Bedeutung oder auf die Ambivalenz der viel gepriesenen Gelassenheit.

M: *Wie meinen Sie das?*
S: Ich sehe in manchen Bemühungen um Gelassenheit die Gefahr, dass man diese mit dem eigentlichen Ziel eines spirituellen Weges verwechselt. Und auch sehe ich die Gefahr, dass man sodann bereit ist, Stimmungen fernzuhalten und deren Inhalte zu verdrängen, anstatt sich ihnen auszusetzen, bis sie durchsichtig werden auf das Wesentliche hin.

M: *Und damit produziert man einen Frieden, der anfällig ist, weil er einfach nicht die ganze Wirklichkeit mit herein nimmt? Man muss dann immer auf der Hut sein vor dem Dunklen, um es draußen zu halten?*
S: Ja, wobei ich einen anfälligen Frieden noch besser finde als eine künstlich erworbene und damit undurchlässige Gelassenheit, mit der man sich das Verunsichernde vom Leib halten kann und nicht merkt, wie man sich genau so mit dem eigenen dunklen Potenzial unbewusst verbündet, sodass man in der Unangreifbarkeit auch unnahbar wird, was in der Begegnung dann dem Anderen die Verunsicherung bringt. Ich gehe so weit zu sagen, dass das Dunkle, das wir in Scheinheiligkeit verdrängen, von labileren Seelen so aufgenommen wird, dass diese Menschen »unser Dunkles« dann ausleben »müssen.«

Das Sich-zur-Ruhe-Bringen kann darum entweder die Voraussetzung schaffen zu einer Auseinandersetzung mit dem, was die unruhige Stimmung in einem an Bewusstwerdung wecken will bis hin zum Erkennen des Unbedingten, das sich in dieser Bedingtheit zeigt, oder es kann einem als aufgesetzte Methode auch helfen, sich um das Problem und damit um Entwicklung zu drücken.

M: *Das finde ich einen wertvollen Gedanken, Gelassenheitstrainings sind ja heute allenthalben verbreitet.*

Nun sind wir, ausgehend vom lebensgeschichtlichen Bezug, schon mitten in Themen drin, die wir später noch eingehender behandeln werden. Eine letzte Frage noch zum Biografischen: Konnten Sie solche Erfahrungen und Prozesse – vielleicht auf eine neue, vertiefte Weise – zusammenbringen mit dem, was Sie in ihrem Aufwachsen vom Christentum kennengelernt hatten?

S: Wie ich an einem Beispiel erzählte, habe ich durch Fritz Buri viele Anstöße zu meiner eigenen religiösen Entwicklung gefunden. Zu meiner Aufwachszeit war für mich aber ansonsten weder von der mystischen Spiritualität, wie sie durch Dürckheim, Lassalle, Willigis Jäger und viele andere vom Osten her in die christliche Kirche aufgenommen wurde, noch von der tiefenpsychologischen Strömung, die von Carl Gustav Jung ausgehend viele Theologen beeinflusst hat, noch von der Anthroposophie, die immer mehr Einfluss auf menschenkundliches Denken ausübt, irgendetwas zu spüren. In diesem Sinn habe ich erst einmal ziemlich alles, was ich von kirchlich-christlicher Seite kannte, eher hinter mir gelassen, um dann viel später ein neues Verständnis zu entwickeln sowohl für die biblische Überlieferung als auch für den Sinn des christlichen Kultes. Zu solchem neuen Verständnis und Bezug habe ich durch die Übung der Stille gefunden und durch den Kontakt mit den oben genannten, mir wichtigen Einflüssen. Willigis Jäger hat im Besonderen dazu beigetragen.

Warum? Wozu? Wie?
Einstieg in die Zen-Meditation

M: *Wie ist das, wenn Leute mit dieser Übung der Zen-Meditation anfangen? Oder erst noch einmal anders gefragt: Was sind das für Leute, die zu Ihnen kommen? Gibt es bestimmte Personengruppen, die bevorzugt kommen?*

Sind es vor allem Leute, die sich mit dem Leben schwer tun und deshalb diesen Weg suchen? Leute, die in ihrem Leben ein Ungenügen spüren und nach existenzieller Orientierung suchen? Oder sind es Leute, denen es im Allgemeinen ganz gut geht und die trotzdem nach etwas Tieferem suchen? Sind auch welche darunter, die sich von der Zen-Übung eine Art leichter Wellness-Animation versprechen? Also mit anderen Worten: Mit welchen Motivationen kommen die Leute hierher? Welche Hoffnungen bringen sie mit? Was suchen sie? Die Bandbreite könnte groß sein: ein Wohlgefühl, ein Zur-Ruhe-kommen-Wollen bis hin zu Antworten auf religiös-spirituelle Fragen nach einer letzten Wirklichkeit, nach einem letztgültigen Sinn und Grund im Leben.

S: Da die Angebote unseres Zentrums so gut wie nirgends ausgeschrieben sind und wir noch nie eine Werbeaktion gestartet haben, sodass man davon eigentlich nur über Mund-zu-Mund-Propaganda erfährt, werden Menschen, die Wellness-Animation suchen, von unseren Kursen kaum erfahren, oder sie werden sich durch das von hier Gehörte nicht in der Weise angesprochen fühlen, dass sie einen Kurs belegen. Die häufigste Motivation lautet, knapp ausgedrückt: »Ich möchte zu mir kommen.«

M: *Wie ist dieses Zu-mir-kommen-Wollen motiviert? Ist es, dass der Alltag so fordernd und zerfahren ist, oder dass man mit dem bisherigen Selbstbild beziehungsweise Selbstgefühl nicht mehr zufrieden ist und sich sagt: »So kann es nicht weiter gehen, es muss etwas passieren?« Gibt es da Abstufungen?*

S: Abstufungen und Variationen bei den Hintergründen gibt es da sehr wohl, so wie Sie es andeuten, aber das eigentliche Motiv in diesen allen bleibt: »Ich möchte zu mir kommen.« Manche würden hinzufügen: »Das kann es einfach nicht sein! Das, was ich erlebe, kann doch mit Leben nicht gemeint sein! Ich fühle mich unerfüllt.« Andere wiederum sagen es so: »Mein Alltag läuft zwar recht und gut, aber letztlich hat er mit mir wenig zu tun. Es ist, als komme ich nicht wirklich darin vor.« Ich empfinde in diesem lapidar klingenden Satz »Ich möchte zu mir kommen« die ganze Tiefe einer spirituellen Sehnsucht. »Zu mir kommen« bedeutet: erkennen, wer das ist, der da denkt und fühlt und handelt. »Zu mir kommen« meint: den Sinn fühlen in dem Faktum, dass man sich in dieser Welt bewegt.

Mit der Sehnsucht, die sich da so allgemein ausdrückt, ist oftmals die Erinnerung an ein Erlebnis verbunden, in dem *Es* gestimmt hat, vielleicht ohne ein äußerlich bemerkenswertes Ereignis. Man erinnert einen Moment, in dem Sinn aufleuchtete, unabhängig von einer erkennbaren Ursache. Ein solcher Augenblick ist womöglich der Auslöser dafür, dass man auf die Suche geht.

Oft spielt andererseits auch mit, dass man sich vom Alltag, sei es Arbeit oder Familie, überfordert fühlt und sich vorkommt wie ein hilfloses Opfer und dabei aber ahnt, dass diese Stimmung oder Verfassung doch nicht nur den äußeren Bedingungen zuzuschieben ist, sondern mit dem eigenen grundsätzlichen Lebensbezug zusammenhängt. Vielleicht hat man sich schon psychologische Hilfe geholt und rational eingesehen, dass man mit seinen Erwartungen und Ansprüchen die Umgebung überfordert und kommt doch nicht darauf, wie man von dieser Sucht geheilt werden könnte. Oder man erkennt umgekehrt, dass man sich sein Leben lang bemüht, den anderen alles recht zu machen, und findet in einer bloßen Verhaltensänderung keine Lösung und ahnt, dass das, was die Beziehungen verdirbt, damit zu tun hat, dass man nicht wirklich bei sich sein kann, weder wenn man alleine ist, noch wenn man mit anderen zusammen ist. Man fühlt sich in eine Verantwortung gerufen und weiß nicht, aus was für einer Kraft man sich ihr stellen kann; man weiß nur, dass einem etwas Essenzielles fehlt.

Ein anderer Hintergrund für den Wunsch, zu sich zu kommen, ist oftmals, dass Menschen den Bezug zum Religiösen verloren haben; früher haben sie aus dem, was die Kirche ihnen gegeben hat, geschöpft, haben Kraft gefunden in liturgischen Ritualen und Wortbotschaften, und dann ist ihnen diese Quelle auf einmal versiegt. Sind sie der Kirche entwachsen oder haben sie nur verpasst, ein Bewusstsein zu entwickeln für das, was Kirche vermitteln könnte?

So unterschiedlich nun diese Hintergründe und Hoffnungen zu dem »Zu-mir-Kommen« klingen, in Wirklichkeit geht es immer darum, dass wir offenbar nicht nur einen Wunsch verspüren, sondern einen Auftrag fühlen, unsere Wesenswirklichkeit zu erfahren und aus solchem Erfahren heraus zu handeln.

M: *Dann sind es also schon vorwiegend Leute, die hier mit einer recht ernsthaften Motivation in die Übung einsteigen?*

S: Ich glaube, dass alle Menschen auf der Welt dieses ganz ernsthafte Anliegen haben. Aber es stimmt, dass zu meinen Kursen vorwiegend Menschen kommen, denen ihr Anliegen schon so bewusst ist, dass sie dafür gerne etwas auf sich nehmen wollen. Dies beginnt schon damit, dass der Weg nach Seeg für die meisten Menschen mit einem gehörigen Reiseaufwand verbunden ist!

M: *Aber kommen nicht auch Menschen, die sich von der Meditation eine schnelle Entspannungstechnik versprechen, mit der sie in kurzer Zeit zur ersehnten Ruhe in ihrem Leben kommen und Befreiung finden von Zuständen innerer Zerrissenheit – gleichsam ohne den Preis der Selbstkonfrontation?*

S: Ja, das gibt es schon auch. Wenn sie dennoch »anbeißen«, werden sie durch die Übung von selber reif für die Auseinandersetzung mit ihrem tieferen Anspruch. Und wenn nicht, dann war es nicht ihre Zeit oder nicht ihr Ort.

In diesem Zusammenhang ist vielleicht auch interessant, einen kurzen Blick zu werfen auf die Gruppe der »Hergeschickten.« Ich meine die Leute, die im Kurs selber gestehen: »Ich komme, weil meine Frau, mein Mann, meine Tochter oder mein Sohn, mein Vater oder meine Mutter, eine Freundin oder ein Bekannter mich schickt.« Meist lachen oder schmunzeln dann die anderen mehr oder weniger verhohlen.

M: *Kann ich mir denken. Trägt denn eine solche »geliehene« Motivation?*
S: Nun, meist erkennen diese Menschen, dass sie dieses vorübergehende »Ausleihen« gebraucht haben, und dass sich dahinter ihre eigene Motivation verbirgt. Das »Schick-sal« hat sie auf diese Weise auf ihren inneren Weg geschickt. Wenn sie natürlich im Üben diese »Leine« nicht verlassen würden, dann würde ich sie nicht ermutigen zu bleiben.

M: *Gibt es denn auch Befürchtungen, die von Leuten beim Einstieg in die Meditation geäußert werden? Zum Beispiel, dass Einsteiger sagen: »Bloß kein Meister-Schüler-Verhältnis, das mich in eine Abhängigkeit bringt«; oder gibt es sonst irgendetwas, was am Anfang der Übungspraxis als bedrohliche Vorstellung ausgesprochen wird?*
S: Die Sache mit dem Meister-Schüler-Verhältnis hat bei uns noch nie jemand als Befürchtung geäußert. Es wird ja niemand in ein solches Verhältnis gezwungen oder gedrängt. Manche Teilnehmer kommen seit Jahren zu Kursen, ohne Schüler zu werden. Sie sind deswegen nicht Teilnehmer zweiter Klasse. »Schüler« wird jemand, der sich für eine intensivere Begleitung entscheidet und damit dem Lehrer gegenüber die Bitte ausspricht, von diesem nicht nur gehört und

unterstützt zu werden, sondern von ihm auch herausgefordert zu werden um seiner Entwicklung willen. Ein solches Begleitungsverhältnis wird nach alter Tradition »Meister-Schüler-Verhältnis« genannt. Wenn es dazu kommt, weiß der Schüler, dass damit keinerlei Abhängigkeit verbunden ist. Ein Lehrer kann nur den inneren Meister des Schülers zu vertreten suchen, sonst nichts. Dennoch wird mit diesem Akt eine Art Vertrauensbündnis geschlossen, auf dessen Boden sich erfahrungsgemäß Kräfte bilden, die den Entwicklungsprozess fördern.

M: *Werden zu Beginn des Übens sonst irgendwelche Befürchtung ausgesprochen?*
S: Ausgelöst durch den Begriff »Zen« befürchten manche, Buddhist werden zu sollen oder, eines Tages, Buddhist werden zu wollen. Wobei diese Menschen bei näherem Nachfragen meist wenig Ahnung davon haben, was einen Buddhisten ausmachen könnte. Sie fürchten somit wohl eher, ihre eigene Religion oder Konfession in Frage gestellt zu sehen oder diese zu verraten oder gar zu verlieren; sie fürchten, ihrem Gott untreu zu werden; sie ahnen dabei oder ahnen noch nicht, dass ihre Gottesbeziehung offenbar mehr mit übernommenen Vorstellungen zu tun hat und dadurch mit der Zugehörigkeit zu dem Umfeld, aus dem sie übernommen wurden, als mit einem eigenen lebendigen Bezug. Solcher Befürchtung ist mit Verständnis und Achtung zu begegnen in dem Sinne, dass der Übende ein waches Auge darauf haben soll, was mit ihm diesbezüglich durch die Wirkung der Stille geschieht. Meist, um nicht zu sagen immer, verliert sich eine solche Befürchtung nach kurzer Zeit, d.h. sie wandelt sich in ein Vertrauen in die eigene religiöse Erfahrung, die bis dahin bei diesen Menschen wohl wenig Raum haben durfte oder konnte.

M: *Können Sie weitere Befürchtungen nennen?*

S: Eine weitere Befürchtung wird oft erst im Nachhinein ausgesprochen, respektive zugegeben. Sie betrifft vor allem die *Sesshins*[6], in denen die Teilnehmer ja durchgehend schweigen, abgesehen von den Einzelgesprächen mit dem Leitenden. In diesen Kursen ist ein klarer Ordnungsrahmen vorgegeben, ein Rhythmus, in dem man sich mehr oder weniger gemeinsam bewegt. Dies bringt manche neuen Teilnehmer dahin zu befürchten, sie könnten etwas falsch machen, sich irgendwie daneben benehmen und damit auffallen. Zum Beispiel, sich in die falsche Richtung verneigen bei einem allgemeinen Ritual. Eine Lächerlichkeit – nicht für den, der sich gerade davor fürchtet.

M: *Das ist ja erstaunlich.*
S: Ja, zunächst schon. Und eigentlich nicht der Rede wert; aber doch, denn es zeigen sich darin bei näherem Hinsehen tiefer greifende und bedeutsame Phänomene. Zum Beispiel fühlen sich manche Menschen, sobald sie sich schweigend begegnen, wie nackt, wie enthüllt. Als könne nun jemand etwas sehen, was man nicht zeigen möchte: etwas Verkehrtes. Und schon macht man etwas verkehrt; und schämt sich über die Maßen und findet das lächerlich und schämt sich darob noch mehr. Es sind am ehesten gebildete Leute, denen es so geht, Menschen, die in der Welt etwas darzustellen haben und sich darum leicht mit ihrer *Persona* identifizieren.

M: *Sie meinen mit einer Rolle, die man im Alltag zu spielen hat.*
S: Ja. Diese möchte man ja verlieren, um zu sich zu kommen! Aber kaum ist sie dabei, einen zu verlassen, weil man durch das Schweigen zum Beispiel keine gewohnten Floskeln mehr von sich geben darf, greift vage Angst um sich und sucht nach dem nächstbesten banalen Auslöser, um wirklich aus der Rolle zu fallen. *Persona* ist ja an sich etwas Positives und nichts Unnötiges, wenn man sie versteht als ein Verhalten, das einem gesellschaftlichen oder offiziellen Auftrag entspricht.

Wenn man sich aber mit ihr identifiziert, indem man aus der Verantwortung für einen Auftrag in eine Verhaltensrolle gerät und aus dieser sein Selbstgefühl bezieht, dann wird man auf der einen Seite unbewusst fürchten, dass man ohne Rolle niemand ist, und andererseits sich sehnen, diesem »Niemand« und damit sich selbst zu begegnen. Wobei dieser »Niemand«, von der Befürchtung des kultivierten Bewusstseins aus gesehen, durchaus auch ein Unhold sein könnte, der dann eben in den nächstbesten Fettnapf tritt; sodass man allein durch die Einladung zum Schweigen schon in die Nähe einer Konfrontation mit möglichen inneren Schattenanteilen, mit eigenem dunklen Potenzial geraten kann.

M: *Aber kehren wir noch einmal zurück zu der Angst vor Fehlern. Sie sagten, dass sich mehrere Phänomene darin zeigen.*
S: Stimmt. Man kann in dieser Angst auch einfach sehen, wie wenig wir uns zutrauen, wahrzunehmen und zu spüren, was jetzt gerade dran sein könnte, was aus dem Situationszusammenhang heraus zu geschehen hat. Wir brauchen darum – auf unser Benehmen bezogen – entweder einen Beliebigkeitsraum, den wir Freiheit nennen, und in dem wir unangepasst sein können ohne aufzufallen, oder wir brauchen Vorschriften, die so eindeutig sind, dass wir mit ihnen nicht fehl gehen können, dass wir nicht herausfallen können. Als mitspürende Wesen gefragt zu sein, macht uns bang.

M: *Wenn ich richtig verstehe, ist das letztendlich das Thema von Zugehörigkeit.*
S: Ja, das ist es. Und darin äußert sich auch der bedeutsame Konflikt zwischen Anpassung und Eigenständigkeit, als ob dies entgegengesetzte Werte seien. Als ob Anpassung mit dem Verlust von Selbständigkeit verbunden sein müsse, und als ob Selbständigkeit die Zugehörigkeit gefährden müsse. Das ist natürlich ein Problem, das mit der Erziehung zu tun hat, aber tiefer gesehen ist es ein spirituelles Thema.

M: *Indem es meint: Kann ich aus der Wirklichkeit herausfallen und verloren gehen?*

S: Ja, genau. Solange ich mich nicht eins erfahre mit der Wirklichkeit, meine ich, aus ihr herausfallen zu können. Oder in christlicher Sprache ausgedrückt: Solange ich mich nicht eins erfahre mit dem Schöpfer, fürchte ich, es mit ihm verspielen zu können dadurch, dass ich einem Gesetz, das ich ihm zuschreibe, nicht gehorche. Und eigenartigerweise zeigt ja die Geschichte, dass die Kirche jahrhundertelang ein ungeschriebenes Gesetz zu verkünden schien, das den Gläubigen vor allem eines nicht gestattete, nämlich in den Raum von selbständiger religiöser Erfahrung zu treten: das Thema der Verfolgung der Mystiker, das noch heute seine Folgen zeitigt.

Der Zusammenhang zu der quasi banalen Angst, einen Benimmfehler zu machen, scheint vielleicht weit hergeholt, aber meine Beobachtungen gehen dahin, dass die spirituelle Frage als mögliche Wurzel solcher Problematik nicht zu übersehen ist.

M: *Ich muss gerade noch einmal daran denken, dass Sie zu diesem Thema begonnen haben mit der Feststellung, dass man sich, sobald man schweigt, wie entblößt vorkommen kann.*

S: Ja, da kann man einmal umgekehrt schauen und sagen: Ist es vielleicht so, dass uns unser vieles Reden auch dazu dient, uns darin zu verbergen? Wer hält heute schon auch nur ein paar Minuten Zusammensein aus, ohne dass irgendetwas geschwatzt sein muss? Aber lassen Sie uns weitergehen, bevor ich darüber ins Schwatzen komme.

M: *Sie sagten vorhin, dass die Leute vor allem mit dem Anliegen kommen, zu sich finden zu wollen. Sind sie dann nicht irritiert, wenn es heißt, dass es darum gehe, sich loszulassen, sich in der Übung zu verlieren? Kommt es von daher nicht zu Fragen? Ich meine, es gibt verschiedene Formulierungen zur spirituellen Weganleitung. Das sind in der Regel keine Widersprüche, weil es auf den Zusammenhang an-*

kommt, was eine Formulierung bedeutet, aber es könnte doch für manche verwirrend sein. Oder gibt es Verunsicherungen durch zentrale buddhistische Begriffe wie »Leerheit« und »Nichts«, die im Westen vielfach negativ besetzt sind und daher Verwirrung stiften können?
S: Ich glaube nicht, dass ich so schnell vom Loslassen spreche, nicht bevor der Übende selber diese Notwendigkeit erlebt. Aber zu Fragen bezüglich Leerheit kann es auf zwei Ebenen kommen: erstens auf der rein intellektuellen Ebene, dann beschäftigen sie einen nur theoretisch und sind nicht ein wirkliches Problem, sondern haben eher die Funktion, von einem solchen abzulenken. Darum wäre es nicht angebracht, sich auf eine Diskussion darüber einzulassen, hingegen ist es sicher sinnvoll, nach dem persönlichen Thema Ausschau zu halten, das sich hinter einer solchen scheinbaren Verunsicherung verbirgt und in Wirklichkeit zum Vorschein drängt.

M: *Und die andere Ebene?*
S: Auf der Erfahrungsebene kann man auf solche Fragen stoßen, wenn man sich in der Übung auf dem Sitzkissen auf einmal in einer wirklichen Ich-Stille erfährt, in einer Unabhängigkeit von Gedanken und Gefühlen, von Fragen und Wünschen und Ängsten, und sich dabei doch in tiefer Verbundenheit »fühlt«. Darüber wundert man sich dann vielleicht im Nachhinein, sodass man sich fragt, ob es etwa eine Täuschung sein kann, sich mit den Qualitäten, die einem die Gefühle liefern, und mit den Meinungen, die man gedanklich vorfindet, zu identifizieren. Und damit kann auch die Furcht verbunden sein, was denn übrig bleibt, wenn Gefühlhaftes und Gedankliches sozusagen nicht mehr zur Identität gehören sollten.

M: *Und was macht man dann damit, d.h. was machen Sie damit?*
S: Das kann ich natürlich nicht generell sagen, es kommt immer auf den Einzelnen an. Aber eine grundsätzliche

Richtung in solcher Situation ist für mich, dass ich auf den »Seeleninstinkt« des Fragenden verweise und damit auf das, was dieser in der Stille selbst als eine befreiende Qualität erlebt hat. Dieser zu vertrauen ist das Wichtigste, im Wissen, dass jemand Erfahrener den Verlauf der Übung mit beschaut. Wenn der Übende in dieser Frage schon mehr Erfahrung hat, wird sich auch eine theoretische Begriffsklärung ergeben und nützlich sein, indem man in den eigenen Prozess hineinschaut und von dorther versteht, was es loszulassen galt, und was als Erfahrung hinter dem Begriff »Leerheit« steht. Wenn man sich durch die Übung selbst führen lässt, so gehen einem alle klassischen Begriffe, die sich auf den spirituellen Weg beziehen, von selber auf.

M: *Können Sie Näheres dazu sagen, wie Sie überhaupt mit Anfängern in die Übung einsteigen? Mit welchen Formulierungen und Bildern versuchen Sie, die Übung zu erklären? Welche Anweisungen geben Sie den Leuten am Anfang für die Übung? Was ist da wichtig? Gebrauchen Sie buddhistische, christliche oder allgemein menschliche Formulierungen? Sagen Sie etwa, es ginge darum, sich der Stille zu überlassen, die Gegenwärtigkeit wirken zu lassen – oder was sind so Ihre Worte, die Sie den Übenden zum Einstieg mit auf den Weg geben?*
S: Spontan geantwortet: Keine Ahnung! Ich habe dafür kein Konzept bereit. Aber ich kann mich erinnern oder mir vorstellen, dass da eine Gruppe säße …

M: *Sagen wir, Sie machen ein Einführungs-Wochenende zur Zen-Meditation. Der Kurs beginnt am Freitag um 19.30 Uhr, und Sie sprechen nun 30 Minuten einführend über die Zen-Übung.*
S: Wir würden bei einer Einführung mit einer Vorstellungsrunde beginnen, und diese gäbe mir dann Anlass, etwas zu sagen. Aber jetzt findet diese nicht statt, und so will ich es probieren, mir eine Gruppe vorzustellen:

»Ich hoffe, Sie sind gut angekommen und kommen weiter gut an in dieser Landschaft, in diesem Haus, in diesem n diesem Ihrem Platz. – Ich hoffe, Sie kommen gut an selbst. Darum geht es im Zen; dass man ganz …t bei sich selbst und damit in allen Beziehungen, die einen angehen und in allen Bereichen, mit denen man zu tun hat; dass man ganz ankommt bei sich selbst und damit in einem inneren Raum, der über das, was man von sich kennt und begreifen kann, hinausgeht, und der einen doch letztlich ausmacht und einen mit allem anderen Seienden zutiefst verbindet.

Zum Stundenplan und äußeren Rahmen auch gleich eine Bemerkung: Je nach dem, was man mit Rahmenordnungen bisher erlebt hat, wird man diese hier vielleicht als streng empfinden. Nehmen Sie den Rahmen als Stütze zur Sammlung und Achtsamkeit. Dafür ist er gedacht. Nicht um jemanden zu knechten, sondern um einen vor Ablenkung zu schützen, auch vor der Ablenkung, sich auszudenken, was man jetzt noch alles machen könnte.

Die Methode im Zen ist die Stille. Die Übung ist, sich still werden zu lassen. Sich schweigen zu lassen. Das ist alles. Das ist für jeden etwas Unterschiedliches, d.h. der Weg zum Ankommen in der Stille seiner selbst gestaltet sich für jeden individuell. Darum gibt es dafür kein Programm, was wann wie drankommen soll. Das Programm formt sich in Ihnen.

Stille ist am dichtesten zu erleben in der Unbewegtheit, im Still-Sitzen. Dieses ist nicht so anstrengend wie Stehen, und man schläft nicht so leicht ein wie im Liegen. Man will ja wach sein. Dafür ist es gut, gut zu sitzen. ›Gut‹ meint: in einer Haltung, die wach hält, und in der man sich nicht unnötig oder ungesund anstrengt. Eine solche Haltung ist am Anfang oft ungewohnt, weil wir alltäglich vielleicht öfters entweder in Unterspannung oder in verkrampfter Spannung dasitzen. (Die *Zazen*-Sitzhaltung[7] auf dem Sitzkissen oder Bänkchen oder Stuhl würde ich jetzt zeigen, auch die Handhaltung.) Es kommt nicht darauf an, die Beine zu verschränken. Aber der direkte Kontakt der gekreuzten Beine zum Boden ist der

Sammlung dienlich, darum sollte man eine solche Haltung einmal ausprobieren. Lassen Sie sich Zeit, Ihre Haltung zu finden: eine Haltung, die man halten kann, ohne sich zu bewegen. Aufrecht sollte die Haltung sein um der Wachheit willen und auch, damit der Atem frei fließen kann. Auch dies dient wesentlich der Sammlung. Die Augen lässt man im *Zazen* halb geöffnet, sodass man sich nicht dem Raumlicht verschließt, ohne dass man den Blick dabei auf etwas Bestimmtes richtet. Es ist ratsam, die Hände ineinander zu legen zu einer Schale (linke Hand in die rechte) und die Daumenspitzen sich berühren zu lassen, sodass zwischen Daumen und Zeigefingern ein Oval entsteht. Die Hände ruhen im Kontakt zum Leib, die Handkanten ein bis zwei Handbreit unter dem Nabel anliegend. Die Arme bilden in etwa einen Kreis, die Ellbogen sollten also nicht am Leib anliegen.

Das Sich-nicht-Bewegen über etwa 25 Minuten, so lange dauert eine einzelne Sitzperiode, ist für die meisten Menschen am Anfang nicht ganz leicht. Die Reibung, die entsteht zwischen dem Anliegen, still da zu sitzen, und dem Wunsch, sich zu bewegen, diese Reibung einmal einfach hinzunehmen, ist gerade schon ›Üben‹. An solcher Reibung geht oft das Tor zu dem Raum auf, in dem man sich unabhängig erfährt, unabhängig von Müssen und Wollen und Möchten.

M: *Und wenn jemand fragt, was denn nun Zen bedeutet?*
S: Mit Zen ist in unserem Zusammenhang zum einen der Weg des *Zazen*, der Weg der Versenkung im Sitzen in der Stille, gemeint. Mit Zen ist zum anderen das gemeint, wohin dieser Übungsweg führen kann. Er kann dazu führen, dass man sich in ursprünglicher Verbundenheit erfährt mit einem Urgrund, den man in allem, was ist, wiederfindet, sodass man sich mit allem, was einem begegnet, in einem Einssein erfährt, das jede Verschiedenheit durchdringt, ohne ihr Abbruch zu tun.

Solches Erfahren ist ein Jetzt-Erfahren. Es mögen ihm vage Ahnungen vorausgehen, aber das Erfahren ist gleichzusetzen mit dem Erkennen von absolutem Jetzt. Dieses absolute Jetzt geschieht immer nur jetzt. Jetzt geschieht es. Darum zielt jede Zen-Übung darauf hin, sich von dem Jetzt ergreifen zu lassen. Und dabei bleibt das, was die Erfahrung ausmacht, doch letztlich nicht beschreibbar. Und es versteht sich von selbst, dass solche Erfahrung auch hier und dort stattfindet seit Jahrtausenden, ohne dass jemand etwas von Zen gekannt hätte oder Zen geübt hätte.

M: *Wollten Sie zum Zazen als Übung noch Näheres sagen?*
S: Zur Zen-Übung, um darauf zurückzukommen, gehört also wesentlich, auf die gewohnte Bewegung und auf gewohnte Äußerungen zu verzichten: sich somit in das Wunder der Unbewegtheit und der Stille zu wagen und damit in eine absichtslose Offenheit. Da solche leere Offenheit nicht so leicht zu erreichen ist, gibt es dazu verschiedene Hilfen zur Sammlung.

M: *Geben Sie den Übenden am Anfang die Atembeobachtung an die Hand? Auch das Atemzählen?*
S: Zunächst lade ich die Übenden ein, den Kontakt zum Sitzkissen oder Stuhl wahrzunehmen und damit die Beziehung zum Boden, zur Erde. Auch rate ich, die Beziehung zum Raum um sich herum wahrzunehmen. Dem Atem Aufmerksamkeit zu schenken, ist ein grundsätzlicher Übungsansatz und für den Anfänger, und auch für den schon länger Übenden eine wirkungsvolle Sammlungshilfe. Ich rate aber nicht zum »Beobachten«, denn im Beobachten setze ich mich leicht in zu große Distanz zum Atemgeschehen. Wenn ich Atem beobachte, so bemerke ich bald Unterschiede im Atemverlauf und beginne leicht, diese gegeneinander abzuwägen und zu meinen, der Atem müsse langsamer oder tiefer oder leichter fließen. Damit ist es um die Absichtslosigkeit

geschehen, und das Einswerden mit diesem Fließen, wie auch immer es sich vollzieht, wird erschwert. Somit lade ich lieber ein, einfach auf den Atem zu schauen. Schauen, wie der Atem geht und kommt. Mit der Zeit fließt das Schauen mit dem Atem mit, aus und ein. So vergisst sich das greifende Bewusstsein am leichtesten. Dann ist da gar nicht mehr jemand, der von außen auf den Atemfluss schaut, sondern dieses Atemfließen vollzieht meine Stille. So gerät man in wache, atmende Gegenwärtigkeit.

M: *Und das Atemzählen?*
S: Wenn jemand seine Aufmerksamkeit kaum beim Atem halten kann, dann ist das Zählen eine gute Sache, und es muss nicht an der Oberfläche bleiben.

M: *Wie denn?*
S: Am günstigsten finde ich, und so habe ich es auch gelernt, die Zahl jedem Ausatem wie ein inneres Tönen mitzugeben: also einen Ausatem lang eine langgezogene *eins* – innerlich und darum natürlich lautlos – zu »tönen«, dann eine *zwei* und so weiter bis zur *zehn*, dann wieder die *eins*. Sodass man nicht nur die Zahlen als Konzentrationsraster hat, sondern gleichzeitig mehr körperlich beteiligt ist am Atemfluss. Man lässt sich selbst ganz und gar ausströmen mit jeder Zahl.

M: *Und im Einatem?*
S: Dem Einatem gibt man keine besondere Betonung, man lässt sich einfach offen sein wie ein Fenster, durch das der Einatem einströmt.

M: *Bieten Sie noch andere Übungsansätze zum In-die-Stille-Kommen an?*
S: Ja, *ein* anderer Ansatz im Zen ist das »Nur-da-Sitzen«, das *Shikantaza*. Im Unterschied zum Schauen auf den Atem schaut man dabei auf gar nichts. Man hält also seine Auf-

merksamkeit ungerichtet, man hält sein Bewusstsein einfach offen und leer, ohne dem, was dann natürlich an Wahrnehmung und Gedanken ungefragt »hereintropfen« mag, Beachtung zu schenken. Das Bewusstsein berührt so am direktesten die Stille selbst, die Stille seiner selbst. Aber das Bewusstsein frei zu halten vom Mitgehen mit Gedanken und von der Einmischung in Gefühle ist eine größere Herausforderung als sich ein Konzentrationsgeländer zu geben, auf das man die Aufmerksamkeit lenken kann. Darum wäge ich ab, wann, respektive wem ich diese reinste Form der Übung anrate. Andere spezifische Zen-Übungsansätze wie die Arbeit mit dem *Mu* oder mit anderen *Koans*[8] gebe ich nur einem erfahrenen Übenden, der sich entschlossen hat, sich als Schüler von mir begleiten zu lassen. Denn ich halte es nicht für sehr sinnvoll, mit dieser Art der Praxis alleine draufloszuüben. Darum möchte ich davon und von den diesbezüglichen Übungsgesprächen (*Dokusans*[9]) in diesem Buch auch nicht sprechen.

M: *Und kontemplative Formen wie zum Beispiel das Herzensgebet – bieten Sie die auch an?*
S: Nein, darin habe ich zu wenig Erfahrung, und zudem möchte ich die Übungswege nicht mischen.

M: *Vielleicht noch etwas zum Einstieg: Erwähnen Sie am Anfang auch gleich, dass die Zen-Übung ein Weg ist, der auf eine längere Zeit angelegt ist? Dass es keine Technik ist, die schnelle Effekte hervorbringt? Sondern dass es eher eine Art Selbstkonfrontation ist, die mit sehr viel Geduld verbunden ist und letztendlich auf einen Lebensweg zielt? Also versuchen Sie, mögliche falsche Illusionen zu zerstreuen?*
S: Ja, bestimmt. Allerdings sicher nicht vor der allerersten Übung. Aber im Laufe des gemeinsamen Übens wird bald zur Sprache kommen, dass diese Art von Übung nicht ein müheloser Schnell-Weg ist in dem Sinne, dass er einem mit einem Schlag Probleme vom Tisch räumt. So wahr das ist, so er-

staunlich ist es doch auch immer wieder, wenn man bedenkt, dass man in dieser Übung eigentlich gar nichts machen muss, dass man nur erkennen könnte, dass das, was man sucht, schon da ist. Sie selbst sind schon genau der, den Sie suchen. Sie müssen nichts hinzufügen. Es braucht nichts anderes, als da zu sein, ganz da zu sein.

Aber zu genau dieser Erfahrung zu kommen, braucht es meist eine ganze Weile. Und von dieser Erfahrung so durchdrungen zu werden, dass sie unsere Lebenskriterien verändert und unsere Gefühle und Gedanken durchzieht, sodass unsere Handlungen frei werden von den verschiedenen Ich-Süchten, das braucht wohl meist mindestens ein ganzes Leben. Ich sehe überhaupt nicht ein Ende dieses Weges, sondern ich erlebe, dass sich in dem Maße, in dem sich mein Erfahren zur Erfülltheit hin vertieft, der Anspruch, aus diesem heraus zu leben, erweitert. Es ist, als ob ich immer feinere Gegengewohnheiten entdecke, sodass ein Ende der Verwandlung nicht abzusehen ist.

Dranbleiben und weitergehen

Phasen und Sackgassen auf dem Meditationsweg

M: *Die Meditationsübung kann einen über sehr unterschiedliche Wegstrecken, Erfahrungen, Stationen und Phasen führen. Manche Haltungen oder Erfahrungsweisen müssen vielleicht auch als Sackgassen erkannt und korrigiert werden. Kann man denn solche charakteristischen Wegstrecken oder Phasen benennen und kennzeichnen? Gibt es denn etwa eine standardisierte Abfolge solcher Phasen?*

Womit kann man, womit muss man rechnen? Kann es zum Beispiel sein, dass es am Anfang ganz leicht ist und irgendwann schwer wird oder umgekehrt: Es erscheint anfangs ungeheuer schwer und wird immer leichter? Oder wechselt das Erleben?

S: Zu diesem Kapitel soll erwähnt werden, dass man von Phasen natürlich nur sprechen kann, wenn sich jemand regelmäßig, möglichst täglich, der Übung der Stille zuwendet für eine gute Zeit, was für die meisten im Alltag etwa eine halbe Stunde sein wird. Und nun zu Ihren Fragen:

Man kann mit gar nichts rechnen und muss mit allem rechnen. Der Zen-Weg ist keine Stufenleiter, auch wenn das oft so beschrieben wurde und wird. Nein. Und es gibt kein allgemeines Schema einer Phasenabfolge. Die Menschen sind, Gott sei Dank, noch immer ziemlich individuell geformt. Sie bringen ihre individuelle Vorgeschichte mit, aus ihrer Biografie oder von noch früher her. Wie könnte da ihr weiterer Entwicklungsweg einem anderen gleichen! Und das ist doch wunderbar, dass es bei dem einen so geht und bei dem anderen ganz anders, und dass man Entwicklung nicht auf einen Nenner bringen kann. Das bedeutet nicht, dass man nicht kritisch auf eigene Phasen schauen soll mit der Frage, ob es sich um eine förderliche Strecke handelt oder vielleicht um eine Sackgasse, mit der man sich eher von seiner Entwicklungsmöglichkeit entfernt.

M: *Wie werden denn die ersten Schritte auf diesem Übungsweg erlebt?*

S: Wenn ich auf eine Einführungsgruppe schaue, so kann ich sagen: Für die einen sind die Ersterfahrungen eher erfreulich, beglückend, erfüllend, ermutigend, leicht – viel leichter als erwartet. Für die anderen sind die Ersterfahrungen eher ernüchternd, schwierig, mühsam. Ich sage »eher«, weil sich da natürlich immer die eine mit der anderen Richtung mischen kann.

M: *Mit Ersterfahrung meinen Sie nun nicht etwa eine Art erster Erleuchtungserfahrung?*

S: Nein, nein! Ich meine allein die Erfahrung des unbewegten Sitzens in der Stille. Diese kann beglückend und leicht sein, weil die Sammlung leicht fällt und wohl tut; und weil man Momente von Stille und tiefer Ruhe erfährt, in denen man sich angekommen fühlt; und weil man daher ahnt, dass eine tiefe Sehnsucht gestillt wird; und weil man eine Wirkung wahrnimmt, eine wachsende Sensibilität für das, was um einen herum geschieht. Und die erste Erfahrung kann ernüchternd und enttäuschend sein, weil kein großes Erlebnis eintritt, wie man vielleicht erwartet und erhofft hat; und weil man die tausend Gedanken nicht los wird, die einen zuschütten, obwohl sie einen gar nicht interessieren; weil man dies auch wie eine Niederlage erlebt und somit von sich enttäuscht ist; oder weil einem die Beine wehtun und der Rücken; weil man gar keinen Moment von Stille erlebt und vor lauter Ärger darüber eine mögliche Wirkung auch nicht zulässt.

Wahrscheinlich und meistens ist es so, dass diejenigen, die zu Beginn eine Leichtigkeit und etwas Erfüllendes erleben, im weiteren Verlauf in eine ernüchternde Phase kommen, in welcher die Übung zum Beispiel trockener erlebt wird, sodass sie ein vertrauendes Dranbleiben fordert.

Und genauso geschieht es oft, dass diejenigen, die sich am Anfang sehr schwer getan haben, irgendwann die Frucht ihres Dranbleibens zu genießen bekommen und das Geschenk der Stille um so mehr zu schätzen wissen.

M: *Einen standardisierten Stufenverlauf im Übungsprozess gibt es also nicht. Die Vorstellung einer Leiter, die man in der Übung Sprosse um Sprosse meistert, wäre wohl eher eine Wunschvorstellung, die dem kontrollierenden Ich gefallen würde: Auf welcher Stufe stehe ich, auf welcher mein Sitznachbar?*

Mir fällt als Bild das Labyrinth ein, in das man hineingeht, mal die Mitte streift und dann führt der Weg wieder ganz nach außen und wieder hinein. Diese Unplanbarkeit schleift das kontrollierende Ich ja auch auf eine gesunde Weise zurecht.

Ist dabei eine Begleitung notwendig, um sich auf dem Übungsweg zurechtzufinden? Weil man sich sonst schwer tut, das unterschiedliche und wechselnde Erleben einzuordnen?

S: Eine Begleitung ist in den allermeisten Fällen förderlich. Ich möchte nicht sagen »unumgänglich«, denn warum sollte es nicht Menschen geben, die in allen möglichen Phasen ihres Stille-Sitzens den Zugang zu ihrem geistigen Instinkt nicht verlieren und sich so selber leiten können. Aber in der Regel ist es notwendig oder eben förderlich, sich in der Übung beraten zu lassen, zumal man sich selbst ja möglichst nicht beobachten und beurteilen soll, um den Prozess, der sich in tieferen Schichten vollzieht, nicht zu stören. Die Begleitung kann vor Sackgassen schützen, die darin bestehen können, dass man Phänomene, die bei der Übung auftreten, helle oder dunkle, überbewertet und sich in sie hineinverstrickt, oder dass man andere Phänomene unbeachtet lässt und dadurch nicht von ihnen loskommt; und die Begleitung kann vor allem herausfordernde Impulse geben, wo man sich einen nächsten Schritt selbst nicht zutrauen würde. Zudem sollte die beratende Begleitung helfen, Erlebtes zum gegebenen Zeitpunkt einzuordnen, damit solches Verstehen sich auch wieder auswirken kann in den Umgang mit anderen Menschen hinein.

Eine Gefahr im Sich-selbst-Beraten besteht darin, in der gewohnten Tendenz stecken zu bleiben: Wenn man zum Beispiel die Tendenz hat, sich sehr zu kontrollieren und damit sich leicht zu überfordern, dann wird man diese Tendenz auch in die Zen-Übung hinein tragen und sich eines Tages wundern, dass man trotz aller Bemühung nicht »weiter« kommt. Wenn jemand umgekehrt die Tendenz hat, sich ständig zu schonen und den bequemsten Weg zu suchen, so wird er mit dieser Tendenz auch die Zen-Übung antreten und bei einer Schwierigkeit einen Ausweg finden, anstatt die Entwicklungschance zu erkennen.

M: *Man übt also mit der Haltung, die man von seinem Leben mitbringt. Wie könnte es auch anders sein? Und mit den alten Strategien versucht man, eben auch den Weg zu gehen, der eigentlich über alle Strategie hinausgehen soll.*
S: Ja. Und wenn man bei seiner Strategie bleibt, dann bleibt man meistens auch in dem gewohnten Verhältnis zur Wirklichkeit.

M: *Das macht nachvollziehbar, dass eine Anleitung von außen hilfreich ist.*
S: Und sie soll gleichzeitig dazu beitragen, dass man in eine Selbständigkeit kommt, indem man ein Gespür entwickelt für die möglichen Tendenzen, sodass man eher von ihnen absehen kann und somit offen wird für den Impuls aus dem eigenen tieferen Wissen. Das verlangt allerdings, dass der Begleitende seine eigenen Tendenzen möglichst auch im Blick behält!

M: *Was wäre sonst?*
S: Sonst wird man als Lehrender den Schüler mit den eigenen undurchschauten ideologischen Mustern infizieren: Auf das Beispiel »Schonen oder Überfordern« bezogen wird man dem Übenden gutmeinend die eigene Tendenz überstülpen,

ohne es zu bemerken. Ich entdecke immer wieder solche eigenen möglichen Fallen.

M: *Wenn nun jemand mit zu viel Eifer und mit zu viel Anstrengung in die Übung hineingeht – wie gehen Sie in Ihrer Begleitung damit um?*
S: Wenn jemand mit Übereifer ankommt und es ganz besonders gut machen möchte, sei es aus eigenem Ehrgeiz oder um dem Lehrer zu gefallen, und er sich also mit Überspannung in die Übung gibt, dann erfährt er bald selber, dass es ihm nicht wohl bekommt und er nicht weiter kommt. Dieser Moment ist abzuwarten, denn sonst wird aus der Beratung unerbetene und unwirksame Einmischung, gegen die der Schüler sich entweder wehrt, oder die den Schüler in ein Abhängigkeitsverhältnis lockt, weil er die Sache nicht nachvollziehen kann. Bis zu dem Moment, in dem der Schüler selbst auf irgendeine Weise mit dem Thema ankommt, werde ich sicher nur zeigen, dass ich seine Ernsthaftigkeit zu schätzen weiß, die ich ja auch in der Tat in seinem Bemühen sehe. Sich in dem ernsten Bemühen geschätzt zu erfahren, macht es oft leichter, das Übermaß des Eifers zu erkennen, das sich in der Übung als hemmender Druck auswirkt, der den Atem blockiert und das Gewebe verspannt und den Geist verengt.

Wenn der Übende mit solcher Einsicht ankommt und damit seine Offenheit zeigt, einen Impuls aufzunehmen, dann ist vielleicht der Moment gegeben, um zu sagen: Dann lass doch deinen Eifer einfach einmal los und schau, wie es ist, dem Sein zuzutrauen, dass es zum Vorschein kommt, wenn du nur empfangsbereit bist. Setze dich einfach hin wie jemand, der einen Gast erwartet, den er liebt. Er kann mit keinem Eifer bewirken, dass dieser früher kommt. Aber er hat Geduld in seinem Warten und lässt ihm freundlich Zeit, weil er ihn liebt.

Es kann aber auch sein, dass ich in einem anderen Fall in eine solche Situation hinein frage: »Für wen strengst du dich eigentlich – offenbar schon lange – so an?« Damit verlasse ich bewusst den reinen Stil des *Dokusans*[10] und leite eine mögliche therapeutische Intervention[11] ein. Dann mag der Übende gegebenenfalls entlang von weiteren Fragen entdecken, dass er sich im *Zazen*[12] ähnlich anstrengt wie einst als Kind, als er sich mit vergeblichem Eifer die Anerkennung und Liebe der Eltern erarbeiten wollte. Diese Einsicht kann schon lösend wirken. Oder ich schlage ein kleines Ritual vor, in dem der Übende sich innerlich dem Elternbild gegenüber stellt und zu Sätzen findet, die im Prinzip Folgendes ausdrükken: »Lieber Vater« oder »liebe Mutter, ich höre jetzt auf, mich so übermäßig anzustrengen, ich gehe jetzt einfach sitzen.« Wenn der Übende dabei innerlich zu der vorgestellten Gestalt hinschaut, dann wird er sich wahrscheinlich wundern – ich habe es jedenfalls noch nie anders erlebt –, dass von dem Gegenüber ein wohlwollendes Echo zurückzukommen scheint. Mit der Erinnerung an dieses Wohlwollende kann es gelingen, die gewohnte Tendenz zum Übereifer mehr und mehr fallen zu lassen.

M: *Jedenfalls kann man nicht einfach sagen: »Du strengst dich zu viel an! Lass das los!«*
S: Nein, sonst wird der Übende sich auch noch anstrengen, seine Anstrengung loszulassen. Das ist ein Teufelskreis!

M: *Was ist, wenn jemand aus der beobachtenden Kontrolle nicht herauskommt, wenn jemand sein Üben innerlich immerzu kritisch kommentiert und bewertet?*
S: Auch da kann es sinnvoll sein, der Frage nachzugehen, was der Übende eigentlich befürchtet, wenn er einmal einen unkontrollierten Atemzug täte. Aber oft hilft, diese unnötige beobachtende Kontrolle als solche zu erkennen, und jedes Mal, wenn sie auftaucht samt den ständig gleichen Kommentaren, freundlich zu ihr und ihnen zu sagen: Da bist du ja wieder, du alte Kontrolle! Da seid ihr ja wieder, ihr bekannten Kommentare! War nett, euch zu treffen!

M: *Sie versuchen also, die alte Struktur nicht einfach zu brechen, sondern sie gegebenenfalls aufzugreifen und nicht in Abwehr zu ihr die neue Haltung zu finden.*

Eine Sache möchte ich noch ansprechen, weil Zen vom äußeren Erscheinungsbild her sehr oft mit strenger Disziplin in Verbindung gebracht wird, oft sogar mit militärischer Disziplin. Und es gibt die Rede von der großen Entschlossenheit. Am Anfang eines Sesshins, einer mehrtägigen intensiven Übungszeit also, wird oft ein Text rezitiert, wo es heißt: »Leben und Tod sind eine ernste Sache ... jeder von Euch sei wachsam, keiner sei nachlässig ...« Es wird die Ernsthaftigkeit wachgerufen und die Entschlossenheit gestärkt, konsequent bei der Übung zu bleiben. Sehen Sie da nicht die Gefahr, dass problematische Tendenzen, wie wir sie gerade besprochen haben, verstärkt werden?

S: Entschlossenheit ist schon eine wichtige Sache auf diesem Weg, denn die Erfahrung zeigt, dass tiefgreifende Wandlungen der Persönlichkeit nicht einfach so glatt ablaufen, sondern den Übenden an schmerzliche Schwellen und Grenzen führen, an denen die Erinnerung an einen einst gefassten Entschluss – und genau dies macht ja Entschlossenheit aus – sehr hilfreich ist. In diesem Sinn möchte der von Ihnen zitierte Satz aus dem schönen Zen-Spruch die Entschlossenheit im Übenden stärken und den einst gefassten Entschluss wieder neu anzünden; wobei das Wort »ernst« bei uns leicht einen moralischen und drückenden Beigeschmack hat. So ist es sicher nicht gemeint. Ich verstehe »ernst« im Sinne von »groß«, und ich habe mir auch erlaubt, diese Übersetzung zu benutzen, die etymologisch vertretbar ist: »Leben und Tod sind eine große Sache.«

Wenn man in sich selbst irgendwann die Reibung erfährt zwischen einer inneren Entschlossenheit und einem äußeren Schlendrian, dann weiß man die Disziplin zu schätzen, die in einem *Sesshin* durch den äußeren Rahmen gefordert ist, und die man sich auch selbst auferlegt. Denn Zen-Übung ohne Form verläuft bald im Sand. Wo die Disziplin aber um ihrer selbst willen angeordnet wird, da kann sie dem Übenden nicht dienen. Vielleicht handelt es sich dann um ein Machtproblem dessen, der sie fordert und damit den Gehorchenden in eine Opferrolle hinein verführt. Dass solche Missbräuche gerade auch im Zen zu finden waren und sind, das ist sehr bedauerlich und mag einen jeden Lehrenden und Übenden zur Wachsamkeit gegenüber sich selbst aufrufen.

Um zur Entschlossenheit zurückzukehren, so kenne ich auch die Gefahr, von der Sie sprechen: die Gefahr, sich eine Entschlossenheit anzuschnallen, weil sie sozusagen zum Zen-Weg gehöre. Solche Entschlossenheit ist fatal, denn sie erlaubt einem nicht, sich selbst in aller Freiheit zu einem Entschluss hin zu bewegen und diesen aus dem eigenen Anliegen heraus zu verantworten. Wenn man sich zu früh Entschlossenheit abverlangt, ist es, wie wenn man sich zum Standesamt schleppte, bevor man gefühlt hat, ob der Partner der Richtige ist. Die Zweifel werden umso stärker aufkommen und die Entwicklung hemmen.

Echte Entschlossenheit zum Zen-Weg ergibt sich aus dem Zusammenwirken der Sehnsucht nach dem Ankommen in der eigentlichen Wirklichkeit und dem Vertrauen in die Übung der Stille, deren Wirkung man geschmeckt hat oder ahnt. Solche Entschlossenheit trägt einen dann durch schwierige Phasen hindurch, in denen man kaum mehr weiß, was die Übung mit einem soll.

M: *Man kann sich da mit der Entschlossenheit schon verrennen, das ist mir selbst durchaus vertraut. Es ist gar nicht so leicht, aus einer etwaigen Verbissenheit herauszukommen, weil einem eine weiche, zarte Haltung als Übungsansatz oftmals (noch) nicht zur Verfügung steht.*

S: Manchmal sage ich in einem *Sesshin*, zum Beispiel vor den Abendsitzungen: »Ich denke, Ihr habt heute schon gut und genug geübt, und darum schlage ich vor, heute Abend einfach einmal Ferien zu machen. Einfach Zeit für sich haben. Nichts tun müssen. Niemand will etwas von Euch.

Gönnt es Euch, diesen Abend – also drei Sitzungen lang – einfach nur da zu sitzen, ohne jede Anstrengung, ohne zu üben. Nur genießen: jeden Atemzug genießen, Dasein genießen, Jetzt genießen, sonst nichts.«

M: *Ich kann mir die Wirkung vorstellen, zumal wenn die Einladung allgemein ausgesprochen wird. Wenn einem individuell dazu geraten wird, würde man sich vielleicht als Problemfall vorkommen. Aber so wird deutlich, dass diese »Ferienseite« für die Zen-Praxis eine allgemeine Gültigkeit hat.*

S: Es ist ja auch so, dass kein Unterschied zwischen Übung und freier Zeit besteht, sobald man ganz in die Übung hineingekommen ist. So wie dann auch im Alltag immer weniger Unterschied ist zwischen Freizeit und Arbeit. Was bleibt ist Leben, so oder so, volles Leben. In dem Genießen mag man empfinden, dass man damit einen tiefen Auftrag erfüllt. Es ist, wie wenn man ein Stück Kuchen, das man geschenkt bekommen hat, in aller Ruhe genießt und damit dem Schenker dankende Ehre erweist.

M: *Das führt uns zum anderen Pol, der in die Sackgasse führen kann. Nämlich wenn Leute die Praxis aufnehmen, die gewohnt sind, Herausforderungen aus dem Weg zu gehen, und die das bisher ganz erfolgreich getan haben in ihrem Leben und das jetzt auch in diese Übung mit hineinbringen. Wie kann hier begleitet werden?*

S: Diese Menschen sind natürlich seltener in den Kursen zu finden! Sie werden innere Herausforderungen eher überhören. Aber doch findet sich dieser Typus dann auch auf einmal auf dem Sitzkissen vor. Wenn ich von Typus spreche, dann denke ich dabei nicht so sehr an spezielle Menschen, sondern eher an den Typus, den man in sich selber antreffen kann.

M: *Und wie gehen Sie in der Begleitung damit um? Beispielsweise, wenn jemand in seinen Erinnerungen schwelgt, anstatt in die Übung zu finden?*

S: Auch da warte ich auf den *Kairos*, also auf den Augenblick, der sich von selbst ergibt als Wink, dass der Übende sich einen Impuls zur Veränderung erwünscht. Natürlich meine ich damit nicht, dass dieser Wunsch ausdrücklich ausgesprochen werden muss. Der günstige Augenblick tut sich einem auch ohne gesprochenes Zeichen kund. Ich werde dann zum Beispiel in die Richtung fragen, ob der Übende eigentlich zufrieden ist mit dem, wie er sein Sitzen in der Stille erfährt und mit dem, was sich für ihn dabei und daraus ergibt. Diese Frage wird ihn wahrscheinlich überraschen, da er sich ja in seinen Träumen zufrieden fühlt, und so braucht es oft Zeit, bis die Frage in ihm wie ein Stachel wirkt. In darauf folgenden Gesprächen zeigt sich oft, dass sich hinter der oberflächlichen Verträumtheit ein mangelndes Selbstvertrauen verbirgt. Die Tagträume lenken von diesem nicht nur ab, sondern kompensieren es oft durch heldenhafte Inhalte.

Auch dann kann gegebenenfalls die Frage nach dem Hintergrund der eigenen Einschätzung und das »Anheilen« einer ursächlichen Situation lohnend sein, aber in jedem Fall ist eine Übungsaufgabe angesagt, in der sich der Übende ernst und wert genommen fühlt, sodass er sich zu der Herausforderung, sich auf seine Tiefe einzulassen, ermutigt fühlt und ihr gerne folgt.

M: *Es muss also wieder eine gewisse Bereitschaft beim Übenden da sein. Mir fällt gerade noch ein, dass im Zusammenhang mit der Zen-Übung auch die sogenannten vier großen Gelübde*[13] *gesprochen werden, von denen das erste lautet: »Die Lebewesen sind zahllos, ich gelobe sie alle zu retten.« Der Satz kann gefährlich sein, weil er eine völlig überzogene und unangebrachte Verantwortungsübernahme verstärken kann. Eigentlich soll er ja den größeren Zusammenhang des eigenen Übens zum Ausdruck bringen?*

S: Diesen grundsätzlichen Zusammenhang, dass man nicht nur für sein Heil übt, sondern dass das eigene Üben einem umfassenderen Heilwerden dient, spreche ich vor allem in den Vorträgen an. Die direkte Anleitung zur Übung darf natürlich nicht mit dem Gedanken der Verantwortung für andere durchtränkt werden, weil dadurch leicht ein moralischer Anspruch hereinkommt, gegen den die einen sich aus ihrer Geschichte heraus wehren, und mit dem die anderen sich von ihrer Herkunft her zwanghaft identifizieren, und von dem die dritten sich von ihrer Geschichte her bedrücken lassen. Aber, um noch einen Augenblick bei der konkreten *Sesshin*-Situation zu bleiben: Wenn man die besondere Kraft wahrnimmt, die von der still sitzenden Gruppe ausgeht, dann wird man gerne mit der eigenen Sammlung zur Übung der anderen beitragen wollen.

M: *Wie erklären Sie die Bedeutung dieses Gelübdes genauer: »Die Lebewesen sind zahllos, ich gelobe sie alle zu retten«?*

S: Es muss klargestellt werden, dass damit nicht gemeint ist, in die Welt hinauszugehen und für Zen zu missionieren. Und dass damit auch nicht gemeint ist, sich ausersehen zu fühlen, durch Worte oder Taten die ganze Welt retten zu können oder retten zu müssen. Vielmehr geht es darum zu erkennen, dass wir selber gerettet *sind*, und dieses Erkennen ist es, das eine rettende, d.h. inspirierende Wirkung auf das Erkennen der anderen hat. In diesem Sinn steht die Arbeit, die wir durch das Sitzen in der Stille an uns selber tun, in einem Zusammenhang mit unserem gesamten Umgebungsfeld. Je mehr Täuschungen abfallen, je klarer wir das Heilsein aller Kreatur erfahren, um so stärker wird auch der Wunsch empfunden, diese Reinigung fortzusetzen und das Erkennen zu vertiefen, um damit anderen zu dienen. Mit dieser Empfindung ist oft auch eine Dankbarkeit verbunden gegenüber all denen, die durch ihre Arbeit an sich selbst unseren eigenen Entwicklungsweg gefördert haben, also uns selbst »gerettet« haben. Und darüber hinaus erahne ich längst, dass wir mit jeder inneren Regung, mit jedem eigenen Erkennen gleichsam über »Wellen« miteinander verbunden sind, wie das heute auch die Wissenschaft nachzuweisen beginnt.

M: *Sie meinen, dass in einem geistigen Feld feine Fäden gesponnen werden, die sich verstärken?*

S: Ja. Und in dem Sinne bin ich überzeugt, dass sich jedes geistige Üben in den Kosmos hinein auswirkt und einem Heilwerden in größerem Zusammenhang dient.

M: *Schauen wir wieder auf Phasen oder Haltungen und bisweilen auch Sackgassen im Übungsprozess. Wir haben von zu hartem und zu spannungslosem Üben gesprochen. Welche Tendenzen kommen noch vor, auf die man achtgeben sollte?*

S: Zunächst möchte ich vorsichtig sein mit dem Begriff »Achtgeben«. Achtgeben sollte man vor allem, dass man nicht versucht, eine Tendenz einfach zu vermeiden und dieses für Achtgeben hält. Damit fällt man nicht selten stracks in die Gegentendenz, zum Beispiel von einer überspannten Hohlkreuzhaltung in einen unterspannten Rundrücken. Wichtig scheint mir, den Akt bewusst wahrzunehmen, der zum Beispiel mit dem Loslassen einer körperlichen Überspannung einhergeht, sodass man nicht nur Muskeln entspannt, sondern sich, sich selbst loslässt aus ehrgeizigem Übereifer oder kindlicher Abhängigkeit, die zur Verspannung führte, oder dass man sich herausweckt aus der Gewohnheit, sich nichts zuzutrauen, was Unterspannung bewirkte. Von da aus kann man bei jedem Sich-Hinsetzen von dem inneren thematischen Bezug her darauf achten, ob die Spannung im Rücken sich noch etwas verändern möchte.

M: *Also Achtgeben als lösendes Verstehen und nicht als Verhaltenskontrolle?*

S: Ja, genau! Nun, abgesehen von den beiden genannten groben Tendenzen können wir gerne feinere mögliche Neigungen ansprechen, die in die Sackgasse führen können. Vielleicht sollten wir aber zunächst einmal auf ein natürliches und positives Element der Übung schauen, nämlich auf die echte Ruhe und Gelassenheit, welche durch die Übung hervorgerufen wird. Von dort aus ergeben sich feinere Sackgassen oft gerade dadurch, dass man sich mit solchen Verfassungen und Zuständen identifizieren möchte.

M: *Ja, das ist gut, auch die positive Auswirkung der Übung zu benennen!*
S: Wenn es gelingt, sich mit den Sinnen der Stille zuzuwenden, und diese einen dann umfängt, und man in den Frieden des schweigenden Augenblicks einkehrt, dann bewirkt dieses Erleben für eine kürzere Weile oder längere Zeit ein ruhevolles Bei-sich-Sein, eine wirkliche Gelassenheit, von der aus man sich und die anderen mehr lassen kann, wie sie sind. Darüber kann man froh sein – und die Umgebung wird erst recht froh sein! Das Gegenteil von dieser wahren Ruhe, von der aus man sich dem Alltag mit seinen Themen und Problemen mit freierem Interesse und Engagement zuwenden wird, das Gegenteil findet sich nicht weit entfernt von solcher Verfassung.

M: *Nicht weit?*
S: Ja, nicht weit! Ich meine die Gefahr, dass man sich, so paradox das klingt, an die kaum aufkommende Ruhe klammert, weil man sich in ihr vor dem »bösen« Alltag so gut geschützt vorkommt. Man wusste vielleicht gar nicht, dass sich in dem Wunsch, bei sich anzukommen, auch das Bedürfnis mit versteckte, seiner Alltagsrealität zu entkommen. Dies scheint nun gelungen, denn alles Belastende und Fordernde ist vergessen. Und so kann man der Versuchung erliegen, die Stille fortan primär dafür zu benutzen, vor den alltäglichen Angriffen zu fliehen. Es mag gelingen, aber das »Sackgassige« davon zeigt sich darin, dass man die Diskrepanz zum Alltag immer schärfer empfindet, sodass man sich immer mehr in die »heile weiche Welt« der Stille sehnt und immer schwerer den Zugang findet zu den Dingen, die einen im Leben angehen. Die Ursache sieht man dann leicht in all

den schlimmen Umständen, nach denen ja kaum jemand lange zu suchen braucht, und in den scheinbar unsensiblen Mitmenschen, die sich eben auch einmal in die Stille setzen sollten. So leidet man irgendwann mehr als zuvor an der harten Realität und verstärkt auch noch die Fähigkeit der Schuldzuweisung an die Umgebung. Es sei denn – um noch eine Steigerung dieser Neigung zu nennen –, es sei denn, man bringt es fertig, die Käseglocke, die man im *Zazen* um sich herum aufbaut, auch noch mit sich hinaus ins Leben zu tragen und sie mit Gelassenheit zu verwechseln. Man fühlt sich unangreifbar und merkt nicht, dass man unberührbar und unangehbar geworden ist.

M: *Das ist schon ein sehr subtiler Zusammenhang, weil das so nahe beieinanderliegen kann: die erstrebenswerte Ruhe und Gelassenheit in der Aufgeregtheit des Lebens und die Versuchung der Abschottung gegenüber den Wechselfällen des Lebens.*
S: Ja, und es gibt natürlich noch mehr Abstufungen von Gelassenheit. Vor allem aber kann man auch zu einer höchsten Gelassenheit kommen, die doch nicht das ganze Weg-Ziel sein darf.

M: *Woran denken Sie?*
S: Wenn man von der Stille her zu erleben beginnt, wie alle Lebewesen und Dinge und Ereignisse von der gleichen übergegensätzlichen Vollkommenheit, von der gleichen erfüllenden Leerheit sind – oder wie auch immer man dies nicht zu Fassende zu nennen sucht –, dann kann es sein, dass man sich unmerklich mit diesem beglückenden Zustand identifiziert und gar nicht mehr heraus- oder herunterkommen möchte.

M: *Und warum sollte man wieder herunterkommen?*
S: Weil man da »oben« in der Identifikation mit dieser Ebene der übergegensätzlich ruhenden Wirklichkeit keine

Kräfte findet, um auf der Ebene der Gegensätze zu wirken und zu handeln. Ich erinnere mich an eine solche Phase, die mir ganz schön zu schaffen machte. Einmal zum Beispiel hatte ich Instrumentalunterricht zu geben: Es konnte kommen, wer wollte und spielen wie ein Gott oder wie ein weniger begabtes Wesen, sodass einem die Ohren hätten wehtun müssen. Für mich klang alles gleichermaßen wunderbar, und jeder erschien mir in seiner Daseinsform einfach vollkommen, auch wenn er gerade die Zähne zusammenbiss und mit dem Bogen die Saite schier zerdrückte und eigentlich Hilfe brauchte. Ich hätte jeden immer nur beglückwünschen können, aber irgendeine »Bewusstseinsecke« in mir warnte mich doch noch und ließ mich erkennen, dass ich auf diese Weise dem Anspruch des Schülers, sich zu verbessern und zu entwickeln, nicht gerecht werden konnte. Man kann sich also mit einer Seligkeit identifizieren, in der man alles Geschehen von dem in sich ruhenden Sein durchdrungen erfährt und dabei übersieht, dass diese ruhende Dimension der Wirklichkeit, indem sie alles Werden und Wachsen *durchdringt*, dem Entwicklungsprozess nicht entgegensteht! Wenn man sich so mit dem Übergegensätzlichen identifiziert, dass man dabei das Gegensätzliche nicht mehr sieht, dann ist *das*, womit man identifiziert ist, natürlich gerade nicht mehr das wirklich Übergegensätzliche, sondern ein Konzept davon, dem man auf den Leim gegangen ist. Darum wird im Zen vor einem solchen Zustand gewarnt, auch wenn man erst einmal froh sein kann, bei dieser Seligkeit anzukommen. Und es versteht sich von selbst, dass man meist erst durch die Konfrontation mit der Umwelt, welche das Glück nicht mit einem teilen will, wieder auf den Boden kommt.

M: *Das ist gar nicht so leicht: Die Übung fordert von einem zunächst, dass man gesammelt in der Gegenwart bleibt, ohne sich von den wechselnden Gedanken und Gefühlen herumtreiben zu lassen; das ist Aufgabe genug – und dann soll man auch noch schauen, dass man* *sich auf der anderen Seite nicht von der Welt abschottet, gleichgültig wird und sich nicht mit dem erlangten Frieden zufrieden gibt. Ich kann mir denken, dass in solchen Phasen Begleitung tatsächlich vonnöten ist.*

Eines vielleicht noch, weil das so ein gängiges Phänomen bei der Sitzübung ist: Schläfrigkeit. Die kann ein Symptom sein für vieles, für eine Überarbeitung oder auch dafür, dass man sich an eine bestimmte Erfahrung oder ein bestimmtes Thema, das zur Bewusstwerdung ansteht, nicht herantraut. Entsprechend unterschiedlich muss man wohl damit umgehen?

S: Mit dieser Frage kommen wir also wieder ganz auf den Boden der sogenannten Anfängerprobleme, die es ja an sich haben, auch die Fortgeschritten gerne einzuholen. »Gängiges Phänomen« sagen Sie? Ja, das kommt schon manchmal vor, dass man sich kaum mehr halten kann auf dem Sitzkissen oder Stuhl. Und die möglichen Hintergründe haben Sie gerade genannt. Wenn ich an die *Sesshins* denke: Wer kommt heutzutage nicht übermüdet in eine solche »Erholungswoche« herein? Wer hat nicht Phasen der Überarbeitung hinter sich und schon lange nicht mehr ausgeschlafen? Wer hat nicht unter einer Anspannung gelebt, die ihm gar nicht erlaubte, die Müdigkeit überhaupt wahrzunehmen? Wir leben schon in einer etwas verrückten Welt. Wenn man sich dann, auch in der alltäglichen Meditationsübung, auf einmal in der Unbewegtheit und Stille findet, ist es verständlich und eigentlich gesund, dass die Müdigkeit zum Vorschein kommt. Das Phänomen ist – so gesehen – nicht weiter interessant; die Frage ist nur, wie man damit umgeht. Unsinnig ist immer, sich zu wehren gegen das, was ist, wie es ist. Das klingt banal, aber man nehme es erst einmal ernst. Wenn jemand sich im *Zazen* müde fühlt, denkt er doch als erstes, das sollte und dürfte nicht sein. Es ist aber, es kann nicht nicht sein dürfen. Es ist, und mit dem, wie es ist, kann man immer wunderbar üben. Es gibt kein Hindernis für die Übung, auch nicht Müdigkeit. Wenn man so die Verfassung erst einmal anerkennt, wie sie ist, ohne sich darüber zu ärgern, dann ist es nicht verboten, sich beim drohenden Eindösen etwas aufzurichten, als habe jemand nach einem gerufen und als antworte die sich streckende Wirbelsäule. Auch kann man für eine Weile das Ausatmen unhörbar aktivieren, als stoße man mit jedem Ausatem leicht in den Unterbauch hinein, und als blase man weit hinaus in den Raum. Als wolle man ausatmend den ganzen Raum ausfüllen. Die Übung der Stille hat ja nicht nur diese passive, empfangende Qualität, das Sich-der-Stille-Öffnen, sondern man kann sich auch durchaus innerlich ganz tätig fühlen im Sinne von: die Stille zu vollziehen. Mit diesen beiden Einstellungen zu spielen, nicht im Sinne einer Spielerei, sondern eines intuitiven Abwechselns, und daraus immer wieder eine förderliche dynamische Balance zu finden, das ist die Kunst des Übens. Bis das Üben immer wieder in die Präsenz des »Einfach-Da« mündet, als habe es nie etwas anderes gegeben. Zurück zur Müdigkeit: Man muss also nicht die Übung unterbrechen, auch nicht, wenn man mit diesen Anregungen nicht wacher würde. Dann nimmt man die Chance, die Übung in der müden Verfassung weiter zu tun. Mit einer quasi minimalen, ganz feinen Aufmerksamkeitsenergie wird man bei dem Schauen auf den Atem bleiben oder bei dem Schauen in die pure Stille, – mit einer ganz feinen Aufmerksamkeit, die sich wie ein glasklarer Faden durch die Schläfrigkeit hindurchzieht. Als ob ein Teil von einem schlafen würde, und ein kleines waches Fenster für die Stille offen bleibt. Für Ablenkung ist dann gar keine Kraft mehr da, das hat sein Gutes. Und nach einer solchen Sitzung mag man sich erholt und frisch fühlen, als habe man ein paar Stunden tief geschlafen. Man könnte daran lernen, dass es der Übung letztlich gleichgültig ist, wie man sich fühlt. Die Übung lässt sich üben, wie auch immer man sich fühlt. Allein das unbewegte aufrechte Da-Sitzen ist ein Vorgang, der seine Wirkung tut auf Körper, Geist und Seele.

M: *Das, was Sie zum Umgang mit der Müdigkeit sagen, zeigt gut, dass es ein Irrtum ist zu meinen, es müsse mit der eigenen Verfassung erst alles zum besten stehen, bevor man meditieren kann!?*

S: Genau. Wer darauf wartet, sich für die Übung der Stille so ganz bereit zu fühlen, wird diesen Augenblick nie erleben. Wer seine Verfassung aber nimmt, wie sie ist, wird sich jederzeit bereit fühlen für die Übung der Stille.

M: *Müdigkeit kann aber auch ein Symptom dafür sein, dass man einer anstehenden Sache ausweichen will?*

S: Ja, Schläfrigkeit kann auch auftreten als Schutzmechanismus, um nicht spüren zu müssen, was einen angeht und womit man in Unfrieden ist. Gerade, wenn die sich verdichtende Stille dem kontrollierenden Bewusstsein die Dominanz wegnimmt, kann die Schläfrigkeit einem unbewusst willkommen sein, um, wie gesagt, Unstimmigem aus dem Weg zu gehen. Auf diese Möglichkeit werde ich den Einzelnen ansprechen, wenn ich sie vermute, und dann kann es sein, dass dieser wie mit einem Schlag aufwacht und weiß, was Sache ist. Sobald das Thema anerkannt ist, öffnet sich der Kanal zum wachen Schweigen wieder von selbst. Oder aber der Betreffende ahnt nur, dass die Müdigkeit einen Hintergrund verbirgt und weiß nicht, worum es geht. Dann soll man nicht bohren und nach Problemen suchen. Es genügt, sich zu sagen: Ich bin jetzt bereit, mich dem zu stellen, was sich mir gegebenenfalls zeigen will. Meist findet man sich dann bald wieder wach und staunt womöglich über die Botschaft, die einen in der nächsten Nacht im Traum erreicht.

M: *Zu den Anfangsproblemen, die genauso später immer wieder einmal vorkommen können, gehört auch die Schwierigkeit, sich überhaupt zu konzentrieren und nicht ständig von den eigenen Gedanken gestört zu werden.*

S: Ja, der häufigste Störfaktor bei Anfängern ist das innere Radio, das einen mit ununterbrochener Gedankenmusik berieselt, obwohl man es gar nicht angestellt hat. Was ist eigentlich so schlimm daran? An das Wetter zu denken, das besser sein könnte, und an die Frage, was es zum Mittagessen geben wird, und ob der Nachbar sich wohl heute schon rasiert hat oder nicht? Was ist schlimm daran? Es ist jedenfalls keine Schande. Es ist keine Schande, dass man diesen Strom von – zugegeben – überflüssigem Gelaber nicht stoppen kann. Es ist kein Zeichen, dass man nicht begabt wäre für einen spirituellen Weg oder dass man sich nicht genug bemüht. Es ist einfach so. Das heißt nicht, dass man nicht irgendwann durch das Üben die Fähigkeit erwirbt, diesen unfreiwilligen Gedankenschaum schweigen zu lassen und sich jederzeit in die Leerheit und Stille fallen zu lassen. Was aber kann man dagegen tun, um nicht Jahre mit dem Kampf gegen diese unliebsame Störung zu verbringen? Man kann das »Dagegen« fallen lassen! Man kann – wie es in allen alten Zen-Anweisungen heißt – die Gedanken einfach kommen und gehen lassen – wie Wolken am Himmel; man kann sie auch, ohne sich für die Bedeutung zu interessieren, kommen lassen, als könne man sie in sich hineinatmen, und sie gehen lassen, als könne man sie wieder ausatmen. Nach einer Weile ist das Ein- und Ausatmen wieder ganz im Vordergrund der Wahrnehmung und der Geist ist leer-wach, und die Gedanken scheinen allenfalls noch in der Ferne vorüberzuziehen.

Und wenn man doch für eine ganze Weile mit den Gedanken weggedöst ist und auf einmal wieder zu sich kommt, dann kann man, anstatt sich über das vergangene Gedöse zu ärgern, sich freuen, dass man gerade bei sich ist. Und wahrnehmen und schätzen, dass die Stille – noch immer mit einem ist. Die schon wieder einlaufenden Gedanken lässt man auch wieder kommen und gehen.

M: *Mit den Gedanken mag das so gehen. Mit Stimmungen und Gefühlen ist es schon schwieriger, mit ihnen ist man irgendwie stärker identifiziert. Sie können heftig sein und bleiben. Wie kann man mit*

Phasen umgeben, die von solchen Störungen geprägt sind? Wie kann man die Identifikation lösen?

S: Stimmungen und Gefühle erscheinen in der Tat weit störender als diffuser Gedankenlärm. Vor allem natürlich negative. Ich habe kaum je erlebt, dass jemand sich über eine Freude beklagt hätte, die ihn bei der Übung der Stille störe! Es ist aber kein negatives Zeichen, wenn negative Gefühle auftauchen. Man übt ja, sich der Stille zu öffnen und wagt damit, die Verhaltens- und »Zuhaltensmuster« zu verlieren. Da ist es nicht verwunderlich, wenn just in solchem Öffnen Gefühle und Stimmungen auftauchen, denen man sich sonst verschließen kann, ob sie nun frisch ausgelöst wurden oder älteren Datums sind, d.h. schon länger verdrängt worden sind.

M: *Also was tun?*

S: Das erste ist wieder, sich dafür nicht zu schämen oder zu verurteilen, sondern das Phänomen als ein sinnvolles Entwicklungselement zu betrachten. Alles, was mit seinem Erscheinen zeigt, dass es zu mir gehört, will zu mir gehören. Also lasse ich es zu mir gehören, dieses Gefühl von Ärger oder Bedauern oder was auch immer es sei. Ich lasse es zu mir gehören, ohne mich damit, wie Sie sagten, zu identifizieren. Aber wie? Gefühle ziehen nicht so leicht vorbei wie Wolken. Vielleicht gelingt es, auch die Gefühle dem Ein- und Ausatmen anzuschließen, sie atmend hereinzunehmen und herauszugeben, bis die Gefühle sich wandeln, bis sie sich verwandeln in reine Präsenz, in Gegenwärtigkeit. Wenn man sich aber so bedrängt fühlt, dass die Sammlung gar nicht mehr möglich ist, wird eine spezielle Aufmerksamkeit erforderlich. Und da stellt sich auch die Frage, ob nicht die Gefahr bestünde, mit dem »sturen« Befolgen der »Wolken-Anweisung« manche wichtige Themen, die im Moment einer inneren Öffnung aus den Tiefenschichten der Seele heraufdrängen, wieder zu verdrängen, sodass die Stille letztlich durchzogen bleibt mit unbereinigten Geschichten, die dann auch weiterhin den Alltag mitbestimmen können. Im Extremfall könnte man sich so überhaupt gegenüber inneren Regungen zumauern, anstatt sich durch alle Regungen hindurch bis zum Grund und damit in Beziehung hinein zu öffnen. Darum denke ich, dass es jedenfalls dem heutigen Menschen eher entspricht, gewisse Unterscheidungen anzubringen im Umgang mit Gefühlen und im Fall einer wirklichen Irritation, diese nicht mit Gewalt wegzudrängen, sondern sich ihr entschieden zuzuwenden, zum Beispiel, indem man innerlich freundlich sagt: »Ach so!« und »Ja!« Oder man gibt dem »Störenfried« noch einen Namen, eine Art Etikette: »Ach so, Unruhe!« »Ja, Wut!« Manchmal ist es vollauf genug, das störende Gefühl mit einem solchen klaren und benennenden Ja anzuerkennen, nur will man es kaum wahrhaben, weil es so einfach ist, vorausgesetzt, dass wirkliche Anerkennung geschieht und man das Ja nicht nur als Trick benutzt, um die Störung loszuwerden. Mit dem Ja anerkennt man auch, tiefer gesehen, dass überhaupt etwas aufkommen darf, das sich wie eine Störung anfühlt. Viele Übende haben aber zu Beginn die Vorstellung, das Sitzen in der Stille müsse glatt, friedlich und störungsfrei ablaufen! Das muss es nicht. Wenn die Störung dazugehören darf, wird man eines Tages sehen, dass es keine Störung gibt, d.h. dass dies, was man als Störung abgelehnt hat, nicht nur zu einem gehört, sondern dass dies *die* gerade aktuelle Weise ist, in der man jetzt da ist, und damit *die* Weise, in der sich unstörbares Ganzsein gerade manifestiert. In diesem Sinn kann es auch sein, dass man ein ganz neues Verhältnis zu bestimmten Gefühlen oder Stimmungen bekommt, wie zum Beispiel zur Traurigkeit. Viele Menschen meinen ja schnell, dass mit ihnen etwas nicht stimmt, wenn sie sich mehr als einmal monatlich traurig fühlen. Warum nehmen wir solche Stimmungen nicht genauso voll und wert wie Fröhlichkeit? Warum bemühen wir uns bei der Traurigkeit unserer Mitmenschen immer gleich um einen Trost oder Rat, nur damit diese verfliege? Oder grübeln bei uns selbst nach, um den Grund zu finden? Wenn wir fröhlich sind, tun wir das ja auch nicht.

M: *Das »positive Denken« geht in so eine Richtung. Es ist ja gut, wenn man dem Positiven Raum gibt, aber es zu totalisieren, nichts anderes mehr zuzulassen, darin sitzt der Teufel.*

Aber zurück zu dem Phänomen, dass ein Gefühl oder eine Stimmung einen in der Übung des Sitzens in der Stille wirklich irritiert: Genügt es da immer, einfach bloß Ja zu sagen?

S: Wenn nicht, wenn die Gefühle also zum Verbleiben tendieren, sollte man sie geduldig anschauen – von der Stille aus. Man kann sich dazu wie hinter die Gefühle setzen und einfach zuschauen, wie es in einem flutet oder stürmt oder siedet, vielleicht begleitet von Bildern und Gedanken. Man nimmt diese Bewegtheit wahr, wie wenn man in einem Film säße und versucht auf diese Weise anzuerkennen, was man sieht, sich aber nicht mit der Bewegung zu identifizieren, sondern eben eine schauende Distanz zu ihr zu wahren.

M: *Damit wären wir beim sogenannten Zeugenbewusstsein, bei dem man – wie der Name schon sagt – zum Zeugen von dem wird, was in einem geschieht.*

S: Genau. So sehr Gefühle toben mögen, der Zeuge, das Schauen selbst bleibt frei. Manchmal schaut es dann mit der Zeit auch durch das Geschaute hindurch in pure Stille oder Leerheit hinein. Das Gefühlte erscheint dann vor diesem Hintergrund, wie auf einer Leinwand. Und ein anderes Mal ist es, als ob das Schauen in sich selbst zurückkehrt, ohne dass es ein »etwas« schaut: reines Schauen, ohne etwas, – ohne mich. Dann ist auch keine Trennung zwischen dem Schauen und dem, der schaut. Dann ist das ursprünglich störende Gefühl der Auslöser geworden für eine Vertiefung der reinen Präsenz.

Aber auch wenn die Übung nicht dahin führt, so hat sie jedenfalls eine fruchtbare Wirkung auf die Gefühle, die Störfaktor zu sein schienen.

M: *Indem die Annahme durch den Zeugen das Gefühl erlöst und in die Gesamtpersönlichkeit integriert?*
S: Die Anerkennung durch das Schauen trägt jedenfalls dazu bei, dass die Gefühle sich aus der Ich-Bezogenheit lösen, sich mit einem tieferen Wirklichkeitsbezug verbinden und so sich wandeln. Es ist und bleibt ja ein Wunder, dass Gefühle, die aus Widerstand entstehen, vor allem Ärger und Wut, aber auch Angst, dass diese »Anti-Gefühle«, sobald sie von einer Warte der Stille aus wahrgenommen und sein gelassen werden, sich zu wandeln beginnen, bis man an ihrer Stelle nurmehr reine Energie vorfindet, die der Zugewandtheit dient. Ich meine nicht, dass man dieses Prinzip als eine leicht zu bewerkstelligende Sache ansehen darf, aber man darf über dieses Prinzip staunen und von daher dem Sitzen in der Stille trauen. Wenn sich auf solche Weise mit der Zeit auch lang verdrängte Gefühle befreien, dann wird sich manch einer wundern, dass unverhoffte Lebensfreude, die meist zusammen mit den unterdrückten Gefühlen verschwunden ist, wieder am Seelenhorizont erscheint.

M: *Dass Meditation von Gefühlen wegführt, diese Vorstellung ist also auch ein Missverständnis.*
S: Nun, wie wir gesehen haben, löst die Übung der Stille emotionale Verstrickungen auf und gibt damit den Gefühlen aus tiefer Seelenschicht Raum, den Gefühlen aus freiheitlicher Verbundenheit. Allerdings kann es – das haben wir noch nicht erwähnt – in diesem Prozess durchaus eine Phase geben, in der wir uns selbst wie gefühllos vorkommen. Das kann damit zu tun haben, dass die alten Gefühlsmuster nicht mehr funktionieren und wir uns somit wie in einem Zwischenraum befinden; es kann aber auch damit zu tun haben, dass unsere Aufmerksamkeit für eine Weile wie absorbiert wird von dem Erleben einer neuen, echten Gelassenheit, die sich vorübergehend wie eine Gefühlskälte »anfühlt«.

M: *Und dann?*

S: Man muss nicht befürchten, dass es so bleibt. Man wartet und übt weiter und vertraut. Das Gegenteil kann auch als eine Phase vorkommen: dass man für eine Weile in allen möglichen und unmöglichen Situationen von einem tiefen und heftigen Mitgefühl gepackt wird, dessen Ausdruck sich kaum beherrschen lässt, was ja durchaus nicht jeder Situation bekommt. Aber auch diese Phase ist eine *Phase*, und wenn das Mitgefühl vertrauter geworden ist, finden die »neuen« Tränen schon den rechten Platz.

M: *Gibt es sonst noch etwas zu den Phasen auf dem Übungsweg zu sagen?*

S: Vielleicht ist noch wichtig, sich im Klaren zu sein, dass es auch Wüstenzeiten geben kann, wirklich trockene Zeiten, in denen nicht nur nichts Besonderes los ist, was ja, wie wir gesehen haben, für den Übenden gar nichts Negatives sein muss, sondern in denen man den Eindruck hat, auf der Stelle zu treten. Das kann gerade denjenigen begegnen, bei denen der Einstieg etwas Dramatisches, Aufbrechendes und Vielversprechendes an sich hatte, sodass sie stark von dieser Kraft der Stille beseelt waren und damit dachten und unbewusst erwarteten, dass es ständig so weiter gehen werde oder sich kontinuierlich steigern werde. Nach ein paar Wochen oder Monaten sieht es auf einmal anders aus – trocken. Die Anfangsbegeisterung will dann verfliegen, die Ernüchterung ist hart, man weiß nicht recht, was das zu bedeuten hat, und fürchtet, etwas falsch zu machen oder doch nur einer Illusion in die Falle gegangen zu sein.

M: *Und wie begleiten Sie solche Zeiten der Trockenheit? Ermutigen Sie dazu, einfach dabei zu bleiben, wie es ist? Helfen Sie, es auch gedanklich einzuordnen?*

S: Ich vermittle vor allem, dass diese Abkühlung eine natürliche Phase ist. Ein bisschen gleicht sie der Ernüchterung nach den ersten sechs Wochen – oder drei Monaten – von Verliebtheit. Diese gewisse Enttäuschung muss ja auch nicht bedeuten, dass es der falsche Partner, die falsche Partnerin ist, oder dass man etwas falsch gemacht hätte. Sondern sie zeigt wohl – und ich kehre jetzt zum *Zazen* zurück –, dass man sich mit dem Hochgefühl der Erst-Erfahrung so identifiziert hat, dass man meinte, es müsse so bleiben, dass dies die Illusion war, die einen jetzt verlassen will. Von solcher Einordnung her werde ich vor allem raten, dran zu bleiben, immer wieder nur dran zu bleiben. Gegebenenfalls muss man dazu auch vom Thron des genossenen »Erfolgs« herunterkommen und zu einer gewissen Demut finden. Dann aber wird sich in dem trockenen Dranbleiben überhaupt erst eine innige Verbindung mit der Übung entwickeln, sodass sie Realitätskraft gewinnt.

M: *Kann man sagen, dass ein Hochgefühl eine Frucht aus der Stille ist, und dass diese Frucht wieder genährt werden will von der Stille, indem man sich immer wieder der Stille überlässt?*
S: Ja, und Sie weisen damit auch darauf hin, dass ein Hochgefühl natürlich nicht nur mit der Anfangsphase zusammenhängen muss. Trockenheit ist aber auch eine Frucht der Stille. Und man sollte darum in dem Dranbleiben nicht nur warten, bis die Trockenheit vorbei ist, sondern das Trockene schmekken und sich auf diesen Geschmack ganz einlassen. Bis das Trockene zu dem »Einfach-Das« wird, bis es diesen leer-vollen Geschmack von *Jetzt* bekommt, diesen Geschmack, der nichts mit trocken oder nicht trocken zu tun hat, diesen Geschmack von Schmecken. Das ist, worum es geht.

M: *Gibt es Abstufungen solcher Trockenheitserfahrungen?*
S: Ja, als eine Steigerung von Trockenheit könnte man die Erfahrung von »Abwesenheit« benennen. Wenn die Stille einen nicht als unfassbare Anwesenheit berührt, sondern einem als ungreifbare Abwesenheit erscheint, in der man

sich selbst total verlassen fühlt. Das sind allerdunkelste Momente und tiefste Herausforderungen, die Panik und Depression auslösen können. So paradox es klingen mag, man fühlt sich selbst von Abwesenheit durchzogen. Das ist allerdings auch ein Zeichen dafür, dass dieser Übende sich auf der Schwelle befindet, an der sich ein Hängen an einem alten Ich-Verständnis verlieren will. Sein separiertes Ich will sich auflösen in das Erfahren der größeren Seins- und Selbst-Wirklichkeit. Und gleichzeitig wehrt es sich noch gegen diese Wandlung, die ihm wie Tod erscheint.

M: *Wie begleiten Sie solche Zeiten?*
S: Rat oder Trost hilft hier nicht. Die Begleitung besteht darin, dass man beisteht, dass man dabei steht als jemand, der diese Not miterlebt, und der diesen Durchgang kennt und ihm aus eigener Erfahrung vertraut. Dann kann der Übende auch vertrauend dranbleiben: im Nichts-Machen sich dem Nichts überlassen.

M: *Vielleicht kann es an dieser Stelle hilfreich sein, die Begriffe Nichts, Leere und Stille genauer zu klären und in Bezug zueinander zu setzen?*
S: Ich mag gerne etwas dazu sagen, wenngleich ich mir bewusst bin, dass wir damit etwas nicht Beschreibbares aus der Erfahrung in Worte zu fassen suchen: Wenn wir das Wort »Stille« hören, dann wird damit sogleich unser Hörsinn angesprochen. Natürlich, wenn man nichts hört, ist es still. Wenn es still ist, hört man nichts. Gerade in dieser banalen Äußerung zeigt sich der Zusammenhang zu der möglichen spirituellen Depressionsphase, von der wir eben gesprochen haben. Solange man, während man nichts hört, auf etwas wartet, erfährt man nichts. Wenn man aber dies, was da an Stelle von dem Etwas zu hören ist, zu hören beginnt, dann hört man die Stille; diese klingt, sie klingt wie Nichts, und ihr Klang füllt einen mit nicht greifbarer Anwesenheit.

Wenn man in der Übung der Stille nun nicht nur nichts hört, sondern sich darin übt, mit der Ichtätigkeit in Gedanken und Gefühlen nicht mitzugehen, bis die Identifikation mit dem gewohnten Ichbezugspunkt im Stillwerden zu vergehen beginnt, zunichte wird, dann erfährt man von dieser sich zurückziehenden Identifikation aus zunächst eben einfach nichts, immer mehr nichts, immer noch nichts, und da kann es sein, dass man sich vor Abwesenheit zu fürchten beginnt. Wenn man aber in diesem Nichts, in dieser Leerheit vertrauend verweilt, ohne sich zu wehren und etwas machen zu wollen, dann erfährt man auf der anderen Seite der Schwelle das Nichts als ein *solches*, als eine anwesende Nichtheit, eine erfüllende Leerheit, eine pure Gegenwart, an nichts gebunden und mit allem verbunden, ewig ungeworden, während sie sich gerade zu meinem Jetzt gestaltet, unabhängig von allem Wie. Vollkommen still bleibt sie, während sie gleichzeitig tönt in jedem Geräusch. Vollkommen leer bleibt sie, während sie gleichzeitig leuchtet in jeder Form. Vollkommen »ich« und »du« wird sie, während sie gleichzeitig ihre Nichtheit bewahrt.

M: *Dazu möchte ich nun nichts Unnötiges hinzufügen. – In diesem Kapitel, das merke ich gerade, war der Blick auf die Übung schon ziemlich problemorientiert: Wir haben vor allem auf Problemphasen und Schwierigkeiten geschaut. Natürlich ist das nachvollziehbar, weil gerade in schwierigen Phasen Fragen auftreten, denen wir uns auch gewidmet haben. Aber es spiegelt natürlich nicht die Bandbreite des – auch friedlichen – Erlebens in der Übung wider.*

S: Das stimmt. Deshalb ist es mir vor allem nach dem Blick auf die gerade erwähnte Extremphase wichtig zu erwähnen, dass es Phasen gibt, in denen man einfach so weiterübt, ohne ein besonderes Hoch oder Tief in der Übung zu erleben, und ohne dass besondere Fragen an den Verlauf der Übung in einem auftauchen, man erlebt sozusagen »unbedeutende« Phasen. Das müssen aber nicht laue oder unfruchtbare Zeiten sein, wie manch einer befürchten mag. Eher sind diese Zeiten die ganz natürlichen und fruchtbaren Übephasen, auch wenn man von den Früchten nicht täglich schmeckt. Auch sind undramatische Zeiten in der Regel ein Zeichen dafür, dass man sich mehr in Ruhe lassen kann, und dass ein Vertrauen in die Übung gewachsen ist, und auch dafür, dass eine gewisse Stabilität in der Beziehung zur Stille entstanden ist. Man wird dann gar nicht sagen können, wie es einem mit der Übung geht. Überhaupt ist es gut, sich nicht zu sehr darum zu kümmern, in was für einer Phase man steckt und wie es einem geht, und nicht aus jedem Schulterzucken ein zu hinterfragendes Drama zu machen, das interessanter wird als die Übung selbst – sondern zu vertrauen, dass diese Übung eine Art von gesunder Eigendynamik entwickelt, und dass wir mit unserem neugierigen Beobachten und Verstehen-Wollen die Vertiefung der Übung meist eher stören als fördern.

Angst, Trauer, Wut und Schmerz

Meditation und Therapie, Heilungsprozesse und »Schatten«-Begegnung

M: *Es ist schon deutlich geworden, dass die Zen-Übung eine Herausforderung darstellt, und dass mit vielen verschiedenen Phasen oder Wegstrecken zu rechnen ist.*

Im vorausgegangenen Kapitel wurde bereits etwas zum Umgang mit schwierigen beziehungsweise schwer anzunehmenden Gefühlen gesagt, die in der Meditationsübung auftauchen können. Im folgenden möchte ich diese Thematik fortsetzen und vertiefen: Ich denke dabei zum Beispiel an Verwundungen oder an den persönlichen Schatten, also an unaufgearbeitete Seiten in der eigenen Persönlichkeit, die sich im Laufe des Meditationsprozesses melden und ins Bewusstsein drängen. Hier stellt sich auch die Frage nach dem Verhältnis von Meditation und Psychotherapie. Kann es angeraten sein, die Meditationspraxis zu unterbrechen und therapeutische Hilfe zu suchen, kann das parallel laufen oder kann das auch allein durch den Meditationsprozess bewältigt werden?

S: Vielleicht ist zu diesem Zusammenhang zunächst etwas Grundsätzliches zu bemerken: Das Sitzen in der Stille, das *Zazen*, macht uns heil, indem wir erfahren, dass wir so, wie wir geworden sind, zum Ganzen gehören, zu dem Sein, das sich als erschaffenes Dasein offenbart; dass wir so, wie wir sind, eins sind mit dem Sein, das uns so sein lässt. In solcher Erfahrung wissen wir, dass wir nichts zu uns hinzufügen und nichts von uns wegnehmen müssen und können, um »ganzer« zu werden. Wir sind ganz. Wir sind in unserem Sosein ganz und gar dieses Ganze, das gleichzeitig unendlich größer ist als wir. Wir sind nichts anderes als das Ganze, gleichwohl ist dieses Ganze, dieses Absolute, unendlich mehr als wir: Es ist auch Baum und Berg und *er* und *sie* in deren Sosein.

Von so einer Erfahrung her können schwer anzunehmende Gefühle und die dazu gehörenden Schicksalsmomente angeschaut und durchschaut werden, und desgleichen können sich eigene Schattenseiten und eigene schwerwiegende Taten in solchem Licht zeigen, sodass uns in ihnen dieses unser Ganzsein und damit Heilsein aufleuchtet. Von da aus wandeln sich die Gefühle in der Weise, dass wir nicht mehr leiden an dem, was war, wie es war. Gleichzeitig werden Kräfte frei, um neu- oder umzugestalten, was verändert und verwandelt werden möchte in uns selbst und *durch* uns in unserer Umgebung.

Denn auch wenn dieser Seins-Zusammenhang sich in allem Sosein zeigt bis in das Schlimme und in die Schmerzen hinein, so bedeutet das nicht, dass es gleichgültig wäre, wie wir uns verhalten. Gerade die Erfahrung dieser Verbundenheit macht uns wach für den Auftrag in unserem Handeln.

M: *Sie benennen eine sehr fortgeschrittene tiefe Sichtweise auf schwierige Gefühle und Stimmungen in uns, in der sie auf den Grund hin durchschaut werden. Aber was kann man machen, wenn man anfangen will, heilsam mit ihnen umzugehen?*

S: Wir haben uns im letzten Kapitel schon mit dem Thema befasst, allerdings in einer allgemeinen Weise, die in vielen Fällen als Antwort auf die Frage zum Umgang mit Gefühlen gelten und genügen mag. In dem Folgenden werden wir also auf Phänomene schauen, die sich dadurch auszeichnen, dass sie wiederholt auftauchen oder uns tief aufwühlen und belasten. Wir wollten diesen Bereich nicht mischen mit den allgemeineren Hinweisen. Diese werden aber hier sicherlich noch einmal mit aufgenommen, sodass sich Wiederholungen zum bereits Gesagten nicht vermeiden lassen. Vielleicht sind es ja zufällig die Dinge, die man ruhig noch einmal hören beziehungsweise lesen darf.

Wenn also ein freundliches Willkommen, wie im vorigen Kapitel beschrieben, und ein geduldiges Anschauen die Gefühle nicht beruhigen kann beziehungsweise uns nicht zur Sammlung zurückzuführen vermag, dann ist es – aus meiner Sicht – ratsam, sich für eine Weile dem Aufkommenden noch mehr zuzuwenden. Dazu ein Beispiel: Ein Übender – nennen wir ihn Erwin – kommt während der Sitzung zum Einzelgespräch, wie das in Zen-Kursen üblich ist. »Ich fühle heute Abend schon wieder eine solche Unruhe, dass ich weit davon entfernt bin, Stille wahrzunehmen oder mich auch nur auf meinen Atem zu konzentrieren. Das ›Aha, so, so, ja, ja!‹ will nicht funktionieren. Ich weiß aber keinen Anlass für diese Unruhe, die mich ganz durcheinanderbringt.« »Wo fühlst du denn diese Unruhe in diesem Augenblick?« Erwin klopft sich auf die Brust, »Da!« »Woran merkst du das?« »Da ist Herzklopfen und so ein Ziehen!« »Dann lass dir jetzt einmal Zeit, bei dem Herzklopfen und bei dem Ziehen zu sein, nur dabei zu sein.« – Stille. Ich frage: »Ist es noch da, das Herzklopfen und das Ziehen?« »Ja! Ja, ja!« »Dann lass dir jetzt Zeit, bei dem Herzklopfen und bei dem Ziehen zu sein, nur dabei zu sein. Und ich bin auch mit dabei, bei deinem Herzklopfen und bei deinem Ziehen.« Diesen Satz habe ich noch ein paar Mal wiederholt, denn Erwin wartete offensichtlich immer noch darauf, dass ich etwas hinzufügen werde, was ihm seine Unruhe nähme. So probierte er doch immer noch, vor der Wahrnehmung zu fliehen, sodass das Herzklopfen ihn gleichsam verfolgen und sich anstrengen musste, um bemerkt zu werden. Nach einer Weile wandte er seine Aufmerksamkeit dann doch wirklich auf das hin, was er Unruhe nannte, und blieb einfach dabei. An seinem Gesicht und an der ganzen Haltung konnte ich sehen, wie sich nach einer Weile die ängstliche Abwehr in wohlwollendes Schauen wandelte. »Ich versteh gar nicht«, sagte er dann, »ich versteh gar nicht, die Unruhe ist nicht mehr da!« »Was ist denn jetzt dort, wo die Unruhe war?« Er brauchte einen Augenblick, um wieder hinzuspüren, denn es wollte ihm schon genügen, dass die Unruhe nicht mehr war. So fragte ich noch einmal nach. Und Erwin sagte: »Raum ist da jetzt; Platz, viel Platz.« Und er ergänzte: »Ich kann jetzt atmen, es ist weit. Es ist, wie wenn mein Atmen mich verbindet mit einem anderen Raum; mit draußen. Und es ist still.« Nach einer Weile fragte ich: »Und jetzt?« Erwin: »Ich weiß nicht.« Da war er also ganz bei sich angekommen, in dem stillen »Ich weiß nicht«.

Wenn man einen solchen Dialog einmal kennengelernt hat, so kann man ihn auch mit sich selbst führen. Und man wird erstaunt sein, wie schnell man manchmal wieder in der Stille landet, wahrscheinlich tiefer als zuvor. Wohingegen der Widerstand oder das Nichtbeachten eines solchen Gefühls dieses erfahrungsgemäß »endlos« am Wirken halten kann.

M: *Also die Angst und die Abwehr können die Gefühle so gefährlich erscheinen lassen, wogegen sie sich vielleicht als ganz harmlos entpuppen? Die Lösung kann am Ende recht harmlos verlaufen?*

S: Die Lösung in unserem Beispiel würde ich nicht harmlos nennen. Es ist tiefste Lösung, wenn jemand sich dem Ort der Unruhe zuwendet, obwohl er gerade dieses für gewöhnlich nicht wagt. Die Unruhe ist ja nicht eine harmlose gewesen. Womit diese auch immer biografisch zusammenhing, sie machte, dass der Übende nicht wagte, bei sich zu sein, als ob er keinen Platz bei sich finden könne. Oder als ob er damit die Beziehung nach außen verlieren könnte. Eine Hilfe war in *diesem* Fall, das vage Gefühl körperlich zu lokalisieren: Wo findet es jetzt statt? Damit man sich nicht in Phantasien verliert oder sich hineinsteigert in alte Gedankenmuster, die mit der Unruhe aufkommen können. Das weitere methodische Element ist sodann, bei der Zuwendung zum Ort des Problems zu bleiben, obwohl man natürlich vor der unangenehmen Empfindung fliehen möchte. Dazu braucht es Vertrauen. Und um zu diesem zu finden, braucht es vorübergehend oft den Beistand eines anderen, der sich seinerseits dem Übenden in Geduld zuwendet. In dem Dabeibleiben, ohne auf Besserung zu warten, in dem Bei-sich-Bleiben, was auch immer daraus werde, geschieht, wenn es

Zeit ist, Wandlung. Dann kann gegebenenfalls noch wichtig sein, nachzufragen nach der Qualität, welche die »Störung« abgelöst hat, sodass man am Ende nicht in der Negativ-Sprache bleibt, also in der Feststellung, dass da jetzt *nicht mehr* Unruhe ist, sondern schaut: Was ist denn jetzt? Im Jetzt finden sich dann womöglich Eindrücke von persönlicher Bedeutsamkeit, wie das Beispiel mit Erwin zeigt; diesen Erlebnisqualitäten einen Ausdruck zu geben, sie zu benennen, schließt das Gewandelte noch klarer an das Bewusstsein an, sodass man nicht mehr so schnell in das alte Muster fallen wird oder zumindest über die Erinnerung an die erlöste Empfindung den Anschluss an das Befreiende wiederfindet. Nur dass man diesen Qualitäten auch nicht zu viel Gewicht geben darf, um nicht an ihnen hängen zu bleiben, denn das pure Dabeibleiben kann schließlich zur Erfahrung des immer heilen Unwandelbaren führen, das, je tiefer es als Jetzt erfahren wird, umso weniger beschrieben werden kann, sodass die Antwort »Ich weiß nicht« der nicht zu benennenden Erfahrung am nächsten kommt. In solchem Nicht-Wissen fehlt nichts, gar nichts, auch und erst recht nicht das Wissen. Das ist der Ort, in den alle Heilung münden möchte. Das ist der Ort, an dem man sich manchmal fragen kann, ob man ohne das Drama des Leidens am Unheilen zu dieser Erfahrung des schon immer Heilen hätte finden können.

M: *Wenn ich recht verstehe, ist diese Art von Umweg wichtig. Es genügt ja nicht, auf das schon Heile einfach aufmerksam zu machen.*
S: Ja, genau.

M: *Es wird deutlich, dass Meditation, richtig verstanden, selbst eine therapeutische Qualität hat, auch wenn der Fokus ein anderer ist als bei der Psychotherapie. Wo, würden Sie sagen, liegt das Gemeinsame und wo der Unterschied?*
S: Das Gemeinsame von Meditation und Therapie in diesem geschilderten Fall findet sich in der Zuwendung zu dem,

was als Auslöser auftritt und damit in der Zuwendung zu sich selbst, so wie man gerade ist. Der Dialog, der zwischen dem Übenden und dem Lehrenden stattgefunden hat, und in den man sich auch eigenständig intuitiv hinein begeben kann, ist ein meditativ-therapeutisches Mittel, das man an der Schwelle zwischen Meditation und Therapie einsetzen kann. Aus meinen Erfahrungen sollte man solchen Schwellenübungen Raum geben, auch wenn sie die strenge Form der Zen-Meditation unterbrechen, denn, wie ich schon angedeutet habe, findet man sich umso schneller wieder im reinen Schauen auf die Stille. Damit ist nun der Unterschied, was den Fokus angeht, auch schon benannt. Man wird von dieser Schwellenübung aus nicht mögliche weitere therapeutische Spuren verfolgen, auch wenn sie sich, wie bei unserem Beispiel, anböten, sondern man wird sich darauf konzentrieren, wie diese Situation zum Tor für eine spirituelle Erfahrung werden kann, oder wie sie zumindest der Vertiefung des Sitzens in der Stille dienen mag.

M: *Dann sucht die Meditation die möglichst direkte Hereinnahme der Gefühle in die heilende Gegenwärtigkeit, und die Therapie lässt mehr Raum für das Verstehen und Einordnen der Gefühle in der eigenen Lebensgeschichte – wobei es auch dort um Annahme geht. Es ist also nicht streng voneinander zu trennen, und trotzdem gibt es diese Schwerpunktsetzungen. In der Meditation geht es vor allem um das unmittelbare Dranbleiben an dem störenden Phänomen?*

S: Die Übung der Stille ist an sich schon therapeutische Maßnahme, sobald man aufkommende Gefühle da sein lässt, ohne ihrer Bedeutung nachzugehen. Von da aus kann man, anstatt sich selbst dialogisch zu befragen, diese auch nur freundlich anschauen, wie wir es im letzten Kapitel besprochen haben. In Wiederholung dazu nenne ich nun eine etwas andere Übungsnuance: Ich schaue meine Wut an, meinen Schmerz, meine Angst, als sehe ich sie vor mir, und als dürften sie einfach mit mir da sein. Ich stimme zu, dass sie da sind, und ich bleibe beim stillen Schauen. Und so, wie mein Schauen diese Gefühle bei ihrem Aufkommen wie aus mir herausgelöst hat, so nimmt mein Schauen sie mit der Zeit zu mir zurück, zu mir herein. Und indem ich sie so zu mir hereinnehme, sie bewusst an meine Stille anschließe, verlieren sie oft ziemlich schnell die bedrängende Komponente. Sie verbinden sich mit der Stille, und ich komme mir vor wie versöhnt, nein, ich fühle und weiß mich versöhnt mit einer Sache, um die ich mich als solche gar nicht gekümmert habe, von der ich auch nichts wissen muss. Offenbar hat sich mit dem stillen Anschauen der Gefühle in einer tiefen Schicht der Seele etwas Heilendes vollzogen, ohne dass ich je erfahren muss, mit was für einem unheilen Inhalt die Gefühle verbunden waren.

Das methodische Vorgehen beim Auftreten von störenden Gefühlen kann weitere, unterschiedliche Formen haben, die hier auszubreiten zu weit führen würde. *Ein* Element mag ich noch nennen, die »klassische« Frage, die man sich selbst stellen kann: »*Wer* fühlt diese Unruhe?« Sollte man antworten: »Natürlich ich!«, geht die Frage weiter mit: »Wer ist dieses *Ich*, das so antwortet?« Wenn man mit solchen Fragen ernsthaft versucht, in das »Subjekt« hineinzuschauen, das sich gerade mit einem Objekt, zum Beispiel mit der Unruhe, beschäftigt, so macht man ja aus dem Subjekt selbst ein Objekt, und damit mag sich die Identifikation mit dem, der meint, die Unruhe zu fühlen, lösen, bis dieses suchende Schauen schließlich in sich selbst hineinschaut, sodass dort reines Schauen entsteht, das über »Ich« und »Es« hinausgeht, und das alles, was ist, durchdringt, auch die Unruhe, nur dass diese in diesem Augenblick kaum mehr zu finden sein wird!

M: *Wenn das Subjekt so direkt angefragt wird, wird man mit der offenen Stille und Gegenwärtigkeit verbunden.*

S: Ja.

M: *Ich möchte noch weiter fragen, ob es Gefühlssituationen gibt, denen man mit diesen zen-therapeutischen Maßnahmen vielleicht doch nicht gerecht werden kann?*

S: Also »zen-therapeutisch« möchte ich diese spirituell ausgerichteten Übungsansätze, die sich, wo notwendig, in das Sitzen in der Stille schieben können, nicht nennen. Es gibt schon genug verwirrende »zusammengesetzte« Zen-Begriffe. Ihre Frage aber ist wichtig. Wie merkt man, dass die Gebundenheit an Erlebtes eine so starke Barriere ist in Bezug auf das Erfahren des Ganzseins, dass es sinnvoll wird, nach dem Hintergrund dieser Barriere zu fragen, anstatt sich im *Zazen* an dieser Grenze »schauend« zu erschöpfen? Ein Kriterium dafür ist, ob das störende Phänomen regelmäßig wiederkehrt, obschon man ihm mit freundlichem Hinschauen begegnet ist. Und wenn die Heftigkeit des Gefühls einem unmöglich macht, überhaupt in einen schauenden Abstand zu gelangen, – auch dann will der biografische Auslöser wohl näher beachtet werden.

M: *Wenn also im Prozess des Übens solche Barrieren spürbar werden, die mit starken Gefühlen wie Verzweiflung, Einsamkeit, Verlorenheit und Schmerzen, wie sie aus biografischen Verwundungen herrühren, verbunden sein können: Wo ist der Punkt, an dem man sich doch besser in eine vertrauensvolle therapeutische Beziehung begeben sollte?*

S: Man wird von Fall zu Fall zu entscheiden haben, ob eine spezifische Arbeit mit einem Therapeuten zu raten ist, oder ob man als Begleitender aus der direkten Stille-Übung heraus einen Weg findet, an der auslösenden Situation etwas zu bewegen. Allerdings treten schwer annehmbare Gefühle meist nicht gleich als solche auf, sondern verhüllen sich eher in diffus lähmenden Stimmungen, in denen man den Eindruck hat, nicht mehr weiterzukommen. Es ist, als halte man sich selbst zurück. Hin und wieder wird dieser relativ gefühllose Eindruck vielleicht abgelöst von einem vagen Schmerz. Dann wieder bedauert man einfach, an diese Barriere gekommen zu sein. Man wollte ja bei sich ankommen – und wollte es offenbar doch nicht. In einem solchem Fall ermutige ich den Übenden, offen zu sein für die Erinnerung an ein mögliches traumatisches Erlebnis in der Kindheit, ohne danach zu grübeln. Sollte dazu dann nichts auftauchen, noch sich etwas verändern in der Übung des Betreffenden, dann wäre das für mich ein Grund, ihm zu raten, sich eine spezielle therapeutische Hilfe zu suchen. Wenn aber der Übende – wie dies einmal der Fall war – zum Beispiel sagt, dass er sich zwar nicht an ein traumatisches Erleben erinnert, wohl aber daran, dass sein größerer Bruder gestorben sei, als er selbst noch sehr klein war, dann kann ein einfaches Ritual womöglich zum eigentlichen Thema der Blockade führen und diese auflösen. In solchen Situationen bin ich dankbar für meine Erfahrungen mit der systemischen Therapie und für die Ritual-Impulse, die ich aus der Methode des Familienstellens nach Bert Hellinger durch meine jahrlange Zusammenarbeit mit dem Therapeuten Wolf Büntig bekommen habe.

M: *Wie würde ein solches Ritual denn konkret aussehen?*
S: Ich schlage dem Übenden vor, die Wirkung von Lösungssätzen, die ich ihm anbiete, zu erspüren. In dem berichteten Fall haben die Sätze in etwa so gelautet: »Lieber Bruder, ich habe dich wohl sehr vermisst. Und ich habe wohl gemeint, es sei nicht recht, dass ich weiterleben darf, wo du gehen musstest. Ja, du musstest gehen, und ich durfte bleiben. Ich will dein Schicksal achten, und ich nehme das meinige jetzt als Geschenk. Und ich bitte dich, schau freundlich, wenn ich hier auf der Erde ganz bei mir ankomme und in meinem Leben Erfüllung finde. Dir wünsche ich Frieden, von Herzen.«

Von »Ritual« spreche ich, weil die Seele über so geformte Sätze eingeladen wird, direkt der Gesetzmäßigkeit einer thematisch anstehenden inneren Bewegung zu folgen, ohne dass man die Vergangenheitssituation über eine analytische Arbeit auseinandernehmen müsste, um zur Einsicht in das Thema zu finden. Dessen lähmender Akzent bestand in dem Beispiel aus dem unbewussten Gefühl: »Ich habe nicht das Recht, in meinem Leben ganz anzukommen, wenn mein Bruder das auch nicht durfte.« Das war, wie sich in der Wirkung des Rituals zeigte, die Barriere, die beim Bemühen, im Sitzen in der Stille ganz zu sich zu kommen, zum Hindernis wurde. Und der verborgene, schwerwiegende Barriere-Gedanke konnte sich wandeln, als der Übende ihn in der imaginierten Begegnung erkannte und von da aus bereit war, ihn loszulassen – um seinetwillen und auch um der Bruderbeziehung willen und letztlich um des Lebens willen. So konnte der Übende endlich bei sich, dem Lebenden, ankommen und dadurch natürlich auch einen neuen Elan für seinen Alltag finden. Es gilt also, nicht das Verschwinden des Symptoms als Ziel im Auge zu haben, sondern das Symptom zu achten als die Stimme der Ordnung, die sich in der Seele wiederfinden will.

M: *Gibt es noch andere Formen solcher lösenden Rituale?*
S: Es tun sich einem von selbst verschiedenste Möglichkeiten auf, den Übenden darin zu unterstützen, einer inneren Situation einen Wandlungsimpuls zu geben. Das Ritualhafte kann sich auch ausweiten in die Form einer geführten Imagination. Die Seele kennt in ihrem Tiefenwissen den Weg, wie sie Erfahrenes in Ordnung bringen kann, man muss als Begleitender nur der Intuition folgen, die sich wachsam mit der Reaktion des Leidenden verbindet. Ich erinnere mich an eine Frau – nennen wir sie Veronika. Bei ihr traten schwere Gefühle als solche auf, d.h. eine große Traurigkeit überfiel sie in einem *Sesshin*[14] und wollte nicht mehr weichen, eine Traurigkeit und darin ein heftiger Schmerz, als wolle sie weinen, aber es kamen keine Tränen. »Ich habe keinen Grund, traurig zu sein, und ich weiß nicht, woher der Schmerz kommen soll«, sagte sie. Und doch schaute sie so, als wisse sie, und so frage ich ganz direkt: »Was ist es denn, was du nicht

wissen willst?« Nach einer ganzen Weile kommt: »Ach so, – aber nein! Nein, nein, das ist lächerlich.« »Dann erzähl es, das Lächerliche!« »Nun, – es ist wirklich lächerlich, und ich habe nie mehr daran gedacht, sicher vierzig Jahre nicht mehr. Warum kommt mir das jetzt in den Sinn? Ich war wohl sieben Jahre alt, und wir hatten eine Katze, sie war uns zugelaufen. Aus irgendeinem Grund wollte der Vater diese Katze nicht mehr. Als ich eines Tages heim kam von der Schule, war das Kätzlein nicht mehr da. Meine Mutter sagte: ›Der Vater hat sie in den Bach geworfen!‹« – Veronika lief sogleich zum Bach und rannte an dem Bach entlang und setzte sich irgendwo viel weiter unten ans Ufer und war ganz sicher, dass das Kätzchen bald hier ankommen werde. Dass es tot sein könnte, hatte sie gar nicht bedacht. Am Ufer saß sie und wartete, – und das Kätzlein kam nicht. Aber nach einer Zeit kam der Vater und sagte: »Was machst du denn da?« »Ich warte auf das Kätzlein!« Der Vater lachte auf: »Wie dumm! Die Katze ist doch tot, sie kommt nicht wieder.« Und er nahm Veronika mit nach Hause. – Jetzt, nach der Erzählung, flossen die Tränen, und Veronika wusste, woher die Trauer kam und der damit verbundene Verwundungsschmerz. Allein die Erinnerung zuzulassen, war heilsam. Aber sie wirkte jetzt wie sieben Jahre alt, frisch verletzt und ausgeliefert. Und dann wollte sie sich gerade wieder zusammenreißen und sagte: »Es ist ja doch lächerlich.« Ich habe ihr die Anregung gegeben, ihre Übung der Stille eine Sitzung lang zu unterbrechen und in eine Imagination zu gehen, wobei diese sich während meines Sprechens bei Veronika schon vor-ereignet und damit vorbereitet hat. Ich habe ihr also geraten, innerlich noch einmal an den Bach zu gehen und sich vorzustellen, dass das tote Kätzlein ihr vom Wasser hergebracht werde. »Dann nimm es und bring' es an einen Ort, wo du es gerne begraben willst. Mit einer Schaufel grab' eine gute Mulde und leg das Kätzlein hinein. Und schau, ob du ihm etwas mitgeben willst, einen Stein oder ein Gras oder was auch immer, das tust du zu dem Kätzlein ins Grab. Dann deckst du die Mulde wieder mit Erde zu und stellst dir vor, dass das Tierlein jetzt in den Katzenhimmel aufgenommen wird. Vielleicht, wenn du wieder aufstehst, magst du dich umschauen, vielleicht kannst du sehen, dass dein Vater jetzt dort in der Nähe steht, froh, dabei zu sein.« Veronika ist dann leicht in die Imagination gekommen, sie hat mir beim nächsten Mal davon erzählt, als habe es sich ganz so zugetragen. Sie war nicht nur froh, ihre Stille wiedergefunden zu haben. Sie war froh um den störenden Schmerz, der sie dazu gebracht hatte, mit dem damaligen Geschehen durch eine seelische Aktivität in Frieden zu kommen, und damit auch ihre Beziehung zum Vater anzuheilen. Die Geschichte war nun angeschlossen und damit abgeschlossen.

M: *Das erscheint mir schon als eine sehr spezifische und integrative Art und Weise, Meditation mit einem Bewusstsein für therapeutische Prozesse zusammenzubringen. Sie stellt die sogenannten Störungen in ein ganz anderes Licht.*

S: Ja. Wenn wuchtige Gefühle in der Übung der Stille auftreten, sieht es ja zunächst so aus, als würden diese durch die Übung selbst hervorgerufen. Daran stimmt nur, dass die Übung ihr Hervorkommen zulässt und damit auslöst, aber der Grund, aus welchem sie hervorkommen, hat fast nie mit dem In-der-Stille-Sitzen zu tun, es sei denn, es handele sich um eine rein spirituelle Krise, in der man mit der Dunkelseite der Stille konfrontiert wird, wie wir es im Zusammenhang mit den Phasen der Übung betrachtet haben. Meist aber haben diese seelischen Regungen ihre Wurzel in unverarbeiteten Erfahrungen: Angst aus Verlassenheitserfahrungen, Schmerz aus seelischen Verletzungen oder verdrängter Trauer, Wut aus Hilflosigkeit, um nur ein paar weitere Beispiele anzudeuten. Starke Gefühle und bannende Gedanken, die unsere Übung zur Stille hin stören wollen, sind also oftmals gleichsam »hergeschickt« von Vergangenheitssituationen. Diese haben in einer Situation, in der sich der Übende seinem Inneren und damit seinem Erinnerten öffnet, die Chance, vom Bewusstsein anerkannt und angeschlossen und damit auch gewandelt zu werden, um so der Entwicklung des Übenden zu dienen anstatt sie zu bremsen.

M: *Sind es denn immer Verwundungen, also Traumata, die der Grund dafür sind, dass schwer anzunehmende Gefühle im Übungsprozess ins Bewusstsein drängen?*
S: Nein. Es muss sich bei den emotionalen Unruhen nicht immer um traumatische Erfahrungen handeln. Sie können auch ein Zeichen sein für die anstehende Konfrontation mit Anteilen unserer Persönlichkeit, die wir uns für gewöhnlich lieber nicht vor Augen führen, d.h. mit unseren Schattenseiten. Durch deren Aufscheinen werden wir verunsichert, fühlen wir uns angegriffen.

M: *Der Schatten einer Persönlichkeit ist also nicht das Gleiche wie seine verwundeten Seiten, sondern die Anteile, die wir nicht so zu uns gehörig sehen wollen.*
S: Ich möchte grundsätzlich unterscheiden zwischen dem Bereich des persönlichen Schattens, der seinerseits mit biografischen Einflüssen und generell mit unserer temperamentsbezogenen Veranlagung zu tun haben kann, und dem Bereich des sogenannten kollektiven Schattens, der ein grundsätzlich menschliches, dunkles Potenzial bezeichnet. Allerdings wird der Rahmen dieses Buches es uns nicht gestatten, vertieft auf diese Differenzierung einzugehen.

M: *Können Sie kurz sagen, wie der persönliche Schatten entsteht?*
S: Um es ganz grob anzudeuten: Wir neigen dazu, uns mit Idealbildern unserer selbst zu identifizieren und dabei alle Impulse und Charaktereigenschaften und Regungen, die zu diesem Ideal nicht passen wollen, möglichst auch nicht wahrzunehmen, um nicht von uns selbst enttäuscht zu wer-

den. Die Idealbilder tragen wir vielleicht von Geburt an mit uns, oder sie entstehen unter dem Einfluss der Erziehung: Wir möchten als Kinder so werden wie die Großen und lehnen darum uns selber ab, wo wir ihnen nicht gleichen, oder wir möchten je nach Erfahrung um keinen Preis so werden wie die Großen und lehnen darum uns selber ab, wo wir ihnen gleichen. Wir lehnen eigene Impulse, auch kreative Impulse, ab, wenn wir mit dem Versuch, sie zum Ausdruck zu bringen und zu verwirklichen, schlimme Erfahrungen gemacht haben. Wenn ein Kind zum Beispiel gerne malte und dann zu hören bekam: »Was, du malst schon wieder? Jetzt mach doch einmal etwas Richtiges! Du bist ja kein Künstler!« Dann wird es möglicherweise den Mal-Impuls unterdrücken und mit der Zeit verdrängen, um eine weitere Verletzung zu vermeiden. Es wird dabei womöglich eine Abneigung gegen Malerei entwickeln und auch gegen Leute, die malen, nur um sich vor der Erinnerung an die Verletzung und an das nicht genutzte Potenzial zu schützen. Maler sind dann seine Schattenbrüder oder schwestern. Oder wenn man umgekehrt ständig gelobt wurde wegen der kindlich heiteren freundlichen Art – »Sie ist immer so ein lieber Sonnenschein!« – so wird man vielleicht an dem Sonnenscheingesicht festhalten, auch wenn einem nicht zum Strahlen zu Mute ist, und so ziehen sich dunklere Stimmungen aller Art unausgedrückt in ein Schattendasein zurück, bis man sie nicht nur nicht mehr zeigt, sondern auch nicht mehr wahrnimmt und fühlt, wobei die heiter-freundliche Maske durchaus weiter funktioniert. Das »Wie-wir-nicht-sein-Wollen-oder-Sollen« – aus welchem Grund auch immer – ist damit, dass wir es nicht sollen und wollen, nicht erledigt. Im Gegenteil: diese uns verbotenen Züge leben im Schatten unseres Bewusstseins mit und steuern unser Verhalten meist mehr, als wir ahnen, allein dadurch, dass sie uns unbewusst viele Situationen vermeiden lassen, nur um nicht in die Gefahr zu kommen, aus unserem kontrollierten Schema zu fallen. Auch lassen sie uns viele Mitmenschen ablehnen, weil diese die befürchteten Züge zu tragen scheinen und uns somit an unsere eigenen nicht zugelassenen Seiten erinnern. Nur im Traum, wenn die bewusste Kontrolle wegfällt, rächen sich dann manche verdrängte Gestalten, indem sie einen angreifen und verfolgen, wie man es kennt.

M: *Und die Meditationspraxis lockert auch die Identifikation mit unseren Selbstbildern und bringt uns damit in Kontakt mit dem eigenen Schatten?*
S: Die Meditation in dieser nichtgegenständlichen Art erlaubt uns nicht, uns mit alten oder neuen hohen Bildern und Leitsätzen zu nähren, sondern sie zieht uns im Gegenteil diese Konzepte und die Kontrolle über unser konzeptgebundenes Denken früher oder später einfach weg. Dann geraten wir nicht ohne Umwege in den Bereich unserer innerlichsten Freiheit und Verbundenheit, sondern dann kann es sein, dass zunächst die bisher nicht zugelassenen Gedanken und Gefühle in die Wahrnehmung drängen, vermischt mit unserem grundsätzlichen dunklen Potential, von dem noch zu sprechen sein wird: beispielsweise Gier, Neid, Eifersucht, Machtgefühle, Rachegefühle bis zur Zerstörungswut, aber auch verbotene Schwächequalitäten wie Unsicherheit, Hilflosigkeit und Angst. Dieses Phänomen greift natürlich das bisherige Selbstbild gewaltig an, und in dem Maße, in dem wir mit ihm identifiziert waren, wehren wir uns heftig gegen solche Attacken, oder aber wir reagieren mit totaler Erschütterung, was in dem Fall das natürlichste und förderlichste ist, was uns passieren kann.

M: *Und was macht man damit?*
S: Auch hier hängt es sowohl von dem Übenden als auch von den Möglichkeiten des Begleitenden ab, ob eine Phase spezieller Unterstützung durch einen Therapeuten ratsam ist oder ob es genügt, sich mit den Ungestalten seiner selbst in

der Weise auseinanderzusetzen, dass man sie, wenn sie einen mitten in der Stilleübung in Gedanken und Gefühlen wieder zu quälen beginnen, einfach einlädt, sich zu einem zu gesellen. Man personifiziert damit einen eigenen Schattenzug und wird sich wundern, wie leicht es geht, dass sich in der Vorstellung auf einmal Gier- und Neidgestalten, Angsthasen und Machos, Jammerziegen und angriffige Raubtiere einfinden. Man lässt sie da sein. Man verlangt nicht, dass sie vorbeiziehen, noch beschäftigt man sich mit ihnen. Man lässt sie zu einem gehören. Manchmal ist es erstaunlich, wie die Sammlung des Geistes sich verdichtet durch das Zulassen dieser Gesellschaft, als werde man von dem Zugriff des Schattens befreit in dem Maß, in dem man Schattiges zulässt. Das Kriterium für den »Erfolg« dieser Übung ist, wie bei allen anheilenden Prozessen, in denen es um den Schatten geht, ob man in der Begegnung mit seinen Mitmenschen neue, d.h. befreite und darum herzlichere Gefühlsqualitäten entdeckt. Dies zeigt sich oft darin, dass man meint, die anderen seien auf einmal viel netter geworden!

M: *Es geht also auch hier wieder um Prozesse an der Schwelle von Meditation und Therapie.*

Sie arbeiten selber auch als Therapeutin – mit dem Initiatischen Gebärdenspiel[15]*, das Sie selbst entwickelt haben und in dem Sie Menschen ausbilden. Wie setzen Sie das Initiatische Gebärdenspiel ins Verhältnis zum Sitzen in der Stille?*

S: Von dieser Methode einen umfassenden Eindruck zu vermitteln, würde den Rahmen dieses Buches bei weitem sprengen. Ich will aber versuchen, mit ein paar Sätzen auf Ihre Frage einzugehen. Die Spiel-Arbeit basiert auf sechs archetypischen Ausdrucksgebärden, die eindeutig sind in ihrem Bewegungscharakter, der seinerseits grundlegenden menschlichen Einstellungen entspricht: zum Beispiel ein Ziel anvisieren und klar darauf zugehen wie ein Pfeil, oder sich einer Angelegenheit gegenüber öffnen wie eine Schale und einem

Impuls folgen wie fließendes Wasser, um die ersten beiden Charaktere zu nennen. Bei den Spiel-Übungen im Rahmen dieser vorgegebenen Strukturen wird leicht erkennbar und leibhaftig spürbar, in welchen Denk- und Fühlmustern wir uns in Bezug auf dieses oder jenes Thema bewegen. Andererseits können wir uns durch die Inspiration des archetypischen Charakters der Gebärde über gewohnte Begrenzungen hinausspielen und im Entfalten unseres Ausdrucks neue Handlungsmöglichkeiten erüben, und dabei auch unsere Beeindruckbarkeit und Berührbarkeit wecken.

M: *Das Spezielle am Initiatischen Gebärdenspiel ist also, dass man sehr stark vom Körper ausgeht mit dem Hintergrundgedanken, dass sich seelische Grundhaltungen und Verkürzungen körperlich zeigen wie ein Lesebuch für das Innere. Damit wird das Innere sehr aktuell greifbar und man muss nicht herumphilosophieren, was das Problem ist, es wird greifbar am und im Leib.*
S: Das stimmt, nur dass der Ausdruck »vom Körper ausgehen« nicht so recht passt, ich würde eher sagen, dass es um einen leibhaften Vollzug von Seelischem und Geistigem geht, immer im Bezug zu den archetypischen Kräften, deren Spuren man nachgeht. Es können im Initiatischen Gebärdenspiel auch Schattenthemen bearbeitet werden, traumatische Erinnerungen können durch spezielle Übungsweisen angegangen werden, und in vielen Spielvariationen können wir wach werden für das, was uns in den Beziehungen, die uns angehen, wirklich entspricht. Die letzte dieser Gebärden vermittelt den Charakter des Zu-sich-Stehens und In-sich-Ruhens, des Sich-Verwurzelns und gleichzeitigen Wachsens wie ein Baum. Die Übungen münden oft in diese Verfassung der Stille. Letztlich geht es darum, in eine Offenheit und Präsenz zu finden, in der wir zulassen und erfahren, dass in uns eine Präsenz geschieht, die über das Machbare und Fassbare hinausgeht. Die Übung am archetypischen Charakter der Gebärde ist dazu eine bedeutsame Hilfe.

M: *Kombinieren Sie diese Arbeit mit dem Sitzen in der Stille?*
S: Insofern ja, als in jedem Gebärdenspielkurs zumindest am Morgen eine Stunde meditiert wird. Hingegen werde ich in einem *Sesshin* nichts anderes anbieten als das *Zazen.*

M: *Implizit ist – das ist sichtbar geworden – Ihre Weise, die Zen-Meditation zu lehren und zu begleiten, in besonderer Weise von einem therapeutischen Blick geprägt. Im Zusammenhang von Meditation und Therapie sagt man auch: Man muss erst ein stabiles Ich aufgebaut haben, bevor man es loslassen kann. Sollen labile Menschen dann gar nicht meditieren? Andererseits sind aber gerade diejenigen für Meditation empfänglich, deren Ichbild irgendwie brüchig geworden ist.*
S: Nach meiner Erfahrung ist die Meditation für die beiden Typen genauso gefährlich und chancenreich! Es geht in jedem Fall darum, sich aus der Identifikation mit dem starken oder schwachen Selbst*bewusstsein* zu lösen, das wir aus unseren bedingten Erfolgen und Niederlagen beziehen, um uns auf den Weg zur Erfahrung unseres unbedingten Seins zu machen und daraus eine ganz andere Art von Selbst*gefühl* zu gewinnen. Ein Mensch mit, wie man sagt, gesundem Selbst*bewusstsein,* wird zunächst meist mit mehr Vertrauen in die Übung finden, bis er an die Schwelle kommt, an der ihm genau die Ich-Stärke, aus der er Sicherheit gewonnen hat, zerrinnt, da er mit ihr keinen Schritt tiefer in die Stille seiner selbst gelangt. Der andere, der sogenannte Ich-Schwache, mag fürchten, dass ihm auch das Sitzen in der Stille nicht gelingen wird und somit zu Beginn mehr Ermutigung brauchen, aber dann, wenn er zu schmecken beginnt, dass es hier nicht um Leistung geht, dann findet er oft leichter zu einem unmittelbaren und nicht hinterfragbaren Selbst*gefühl.* Aber vielleicht können Sie Ihre Frage konkretisieren, sie schien in eine bestimmte Richtung zu tendieren.

M: *Das geht schon in die Richtung meiner Frage. Ich bringe meine Frage vielleicht mit einem Beispiel noch einmal auf den Punkt: Da ist* *ein 22Jähriger, der sein Studium geschmissen hat und keinen Beruf ergreifen will, die Gesellschaft meidet, weil er Beziehungen nervig empfindet, der sich also in dieser Hinsicht mit dem Leben schwer tut. Der kommt und entdeckt die Meditation für sich, weil er meint, darin einen Rettungsanker zu finden.*

S: Und jetzt? Jetzt wird also gesagt, dieser Mann sollte nicht meditieren, weil er damit nur der Alltagsforderung, die er fürchtet, ausweicht, nicht wahr?

M: *Ja, genau.*

S: Das ist doch noch eine etwas andere Sache. Und für mich ist es gerade umgekehrt: Das Sitzen in der Stille wird den jungen Mann in den Kontakt mit sich selbst bringen und ihn damit für das Lebenswagnis stärken. Er wird sich wahrnehmen im Kontakt mit dem Boden, ohne irgendeinen Leistungsdruck, wird sich wahrnehmen im Entdecken des Raumes um sich herum, im Erfühlen seines leibhaftigen Dasitzens ohne irgendeinen Anspruch, wird sich wahrnehmen in seinem Atemgeschehen, ohne dass er etwas hinzufügen müsste oder könnte. In solchem Realkontakt kann sich das Taugenichts-Gedankenmuster schon einmal auflösen. Das fixierende Ich verliert seine Vorherrschaft, ob es sich nun groß oder klein meinte. Der erlebte Kontakt hat damit nichts zu tun. Wenn man sich so der Stille nähert und sie erlebt, so ist diese in der Tat ein Rettungsanker, der einen herausholt aus der depressiven Stimmung, in der man sich seine Verlustgeschichten wiederholt; ein Ausgangspunkt, der einem ein Selbstgefühl zurückgibt, von dem aus man sich überhaupt erst in die Welt der Forderungen wagen kann.

M: *Kann es dann nicht sein, dass man diese forderungsfreie Insel so genießt, dass man nicht mehr davon wegkommen will?*

S: Doch, das kann sein, denn es kann immer alles sein! Jede Chance birgt Verführung und Gefahr. Wir sind durch keine Übung gefeit. Darum wird es gut sein, dass Ihr Student nicht ohne Begleitung übt, wenn er sich dieser Praxis intensiv widmen möchte. Denn es könnte auch sein, dass er irgendwann doch wieder beginnt, sich in alter Gewohnheit zu be- und zu verurteilen, bis seine Kräfte, sich zu sammeln, schwinden, und er sich damit das vertraute Versagens-Erleben wiederbeschafft. Auch dann müsste er einen Impuls von erfahrener Seite bekommen.

M: *Das finde ich schon interessant, dass Sie so optimistisch auf die therapeutische Qualität der Meditation vertrauen. Es könnte ja auch sein, dass er mit der Meditation seinen Rückzug von der Welt spirituell veredelt und sein Problem verdoppelt, nur dass er jetzt meint, die Abschottung diene einem höheren Zweck. Es liegt wohl an Ihrer therapeutisch wachen Begleitung der Meditation, dass Sie hier so zuversichtlich sind.*

Ich gehe jetzt noch einen Schritt weiter: Was ist, wenn jemand mit Psychosen zu tun hat? Kann sich so jemand guten Gewissens auf die Meditationsübung einlassen?

S: Ich bin kein Psychiater und maße mir nicht an, zur Psychose etwas Kompetentes sagen zu können. Aber ich bin hin und wieder mit psychotischen Menschen umgegangen und tue es noch immer. Ich staune oft darüber, in was für einer großartig differenzierten geistigen Entwicklung sie sich befinden, die nur nicht genügend angeschlossen werden kann an einen Realitätskontakt. Dieses Problem kann durch ein intensives Sitzen in der Stille verstärkt werden. Es ist beim schubgefährdeten Menschen ja so, als ob das Bewusstseinsgefäß nicht fest genug, nicht ichfest genug sei für die Eindrücke aus der Welt des Unbewussten, die sich dann mit den Realitätswahrnehmungen mischen. Als ob der Erfahrungsbezugspunkt, den wir als Ich empfinden, den Eindrücken und Botschaften aus der Tiefe nicht standhalten könne, sodass das Bewusstsein sich in die Bilder hinein auflöst und sich daraus Wahnvorstellungen bilden. Aus was für überfordernden Erlebnissen in der Lebensgeschichte man den Realitätsbezug möglicherweise derart abgespalten hat, um ihn nicht fühlen zu müssen, ist eine andere Frage. Wenn dieser Übende sich nun in eine Verfassung begibt, in der sich das Tagesbewusstsein schwächen darf um einer tieferen Wachheit willen, so kann es leicht geschehen, dass er sich in seinen Tiefenschichten insofern verliert, als der Kontakt zur realen Umgebung noch mehr erschwert wird. Umso wichtiger ist in solchen Momenten, dass man sich mit ihm auf seiner Vorstellungsebene trifft und nicht versucht, diese zu ignorieren oder abzuwerten. Denn nur von dort aus kann man gemeinsam über das Agieren mit den Vorstellungen wieder zur Realität zurückkehren.

M: *Ihre Vorgehensweise ist, die erlebte Wirklichkeit ernst zu nehmen und zugleich den Kontakt zur normalen Realität zu stärken.*
S: Ja, wobei ich einem in dieser Richtung akut gefährdeten Menschen die Übung des Sitzens in der Stille nicht rate. Geeigneter finde ich meditative oder künstlerische Übungen, die mehr Struktur bieten.

M: *Lassen Sie uns noch einmal zum Thema Schatten zurückkommen. Sie haben Einiges zum persönlichen Schatten gesagt und diesen dabei vom kollektiven Schatten unterschieden. Wie spielt der kollektive Schatten in die Meditationsübung hinein?*
S: Auch wenn jemand so aufgewachsen wäre, dass kein Einfluss seine Entwicklung auf diese oder jene Weise gehemmt hätte, was natürlich ein utopischer Gedanke ist, dann würde dieser Mensch doch in die Auseinandersetzung mit Hell und Dunkel geraten. Wie im jüdisch-christlichen Schöpfungsmythos beschrieben, wird der Mensch vom Baum der Erkenntnis essen und fortan »Gut und Böse« zu unterscheiden wissen. Damit verbunden ist die Vertreibung aus dem Paradies. Wie in der Entwicklung jedes Kindes zum Erwachsenen zu lesen ist, tut sich unser Bewusstseinserwachen in einem wachsenden Unterscheidungs- und

damit Urteilsvermögen kund, mit dem wir notwendigerweise das Paradies unbewussten Einsseins verlassen und allmählich zur Kontur des Ichbewusstseins finden. Dieser Schritt, der sich in unzähligen kleinen Erfolgsschritten vollzieht, an denen sich das Kleinkind freut, und über die die Eltern sich stolz mitfreuen, dieser Schritt ist es, den wir eines Tages als den Grundschmerz unseres Lebens empfinden.

Wir erleben die Gegenseite unseres Ichgewinns, wir erleben den Verlust von Einssein und Ganzsein, und damit verbunden fühlen wir womöglich Verlassenheit und Verstoßenheit. Ob wir den Zusammenhang zu unserer Bewusstseinsentwicklung dabei jemals ahnen – und somit erkennen, dass dieser Schmerz gerade zu einem weiteren Entwicklungsschritt führen will, in dem sich unsere wahre Identität zeigen soll, ist eine andere Frage. Woran wir leiden, ist Mangel, und damit verbindet sich die Sehnsucht nach Wiedereinswerdung mit der Wirklichkeit, aus der uns unser dualistisches Bewusstsein »hinausgeworfen« hat.

Wir befinden uns fortan in einem Dilemma. Sollen wir unser Unterscheidungsvermögen noch weiter ausbilden und damit auch uns selbst als selbständiges Individuum immer noch differenzierter abheben von dem Kollektiven, das verbindet, oder sollen wir wieder zurücktauchen in kindhafte Urverbundenheit? Letztere Tendenz zeigt sich meines Erachtens in manchen spirituellen Abwegen, die mit einer Art von Einheitsillusion die unabhängige Kontur des Einzelnen zu verwischen suchen, was zur Folge hat, dass man in einer Art Liebesbrei landet, den man für Einssein hält. Damit verwandt sind auch die vielen Möglichkeiten der Betäubung, in denen wir den Mangel nicht mehr empfinden, sodass wir diese Taubheit für Verbundenheit und Erfüllung nehmen, jedenfalls solange der Rausch durch Droge oder Ablenkung anhält.

M: *Und hier kommt der kollektive Schatten ins Spiel?*
S: Ja! Das ist er schon! Da sehe ich die Wurzel kollektiven

Schattens. Noch bevor wir das Motiv unserer Sehnsucht erkennen, sodass sich daraus eine Weg-Perspektive ergeben könnte, laufen wir einem Ersatz nach für das, was wir erinnern könnten, wenn unser dualistisches Bewusstsein zum Schweigen käme. Die Tendenzen, die sich daraus ergeben, und die ich dem kollektiven Schatten zurechne, ohne diesen damit ausdeuten zu wollen, haben, abgesehen von der erwähnten Betäubungssucht, meist mit der Neigung zu Vereinnahmungen zu tun – sei es, dass wir in dieser Illusion immer mehr haben wollen, um dadurch vermeintlich »ganzer« zu werden: Je mehr ich habe, desto »ganzer« bin ich; sei es, dass wir immer mehr wissen »müssen«, um damit vermeintlich das Geheimnis unseres Wesensgrundes wiederzufinden; sei es, dass wir immer mehr können müssen, um damit Macht und Kontrolle über das Dasein zu entwickeln, als ob wir darin das Paradies wieder finden könnten. Auch und vor allem in den Beziehungen zu den Mitmenschen und zu den Mitvölkern ist diese Vereinnahmungstendenz ja das hauptsächlichste Konfliktproblem: als ob wir dem *einen* Sein näher kämen, in dem wir unsere Mit-Daseienden beherrschen. Je mehr du mir gehörst, desto mehr bin ich eins. Als ob wir unsere Einsamkeit verlören, wenn wir die anderen zwingen, uns zu gleichen. Als ob das Ich, das sich aus Einssein sonderte, um zu seiner Einzigartigkeit zu finden, durch ein Mehr und Mehr sein Ganzsein erinnern könnte. Je mehr ich der alleinig Herrschende bin, umso mehr werde ich eins sein mit dem alleinig Ganzen, mit dem *einen* Sein; was auch immer es brauche und koste! Feindbilder braucht es, Sündenböcke; Gewalt braucht es. Und es kostet Liebe und Leben.

Die Polarität zu dieser Art von Tendenz finden wir in denen, welche als Opfer unter solcher Unterdrückung chancenlos zu leiden haben. Es sei denn, sie rüsten sich ihrerseits auf, um sich zu rächen, als könne ein solcher »Ausgleich« den teuflisch täuschenden Zyklus durchbrechen.

M: *Noch einmal: Warum nennt man diese Tendenzen kollektiv und warum Schatten?*

S: Nun, kollektiv sind diese Tendenzen zu nennen, weil sie zum allgemein menschlichen Potenzial gehören. Wir finden Zeugnisse davon in allen Zeitungen der Welt, in allen Geschichtsbüchern der Welt, in allen Mythen und Märchen der Welt, in Archetypen aus aller Zeit und allen Ländern. Wir sind in solchem Potenzial kollektiv verbunden; auch wenn wir uns gerade herausheben über diejenigen, die durch unsere Macht die Schwachen und Dummen zu sein haben.

Und warum Schatten? Erstens: Diese illusorischen Tendenzen zur Überwindung der Sonderung und Isolation sind wie ein dunkler abgründiger Schatten, den unsere Entwicklung in Richtung Bewusstseinslicht wirft. Zweitens: dies wahre Antlitz solcher Tendenzen verdrängen wir für gewöhnlich in den Schatten unserer Wahrnehmung, und zwar auch wieder auf *kollektive* Art: die eine Sippe beherrscht die andere und verbirgt diesen ihren Schattenzug mit traditionsreicher kollektiver Maske; das eine Volk verurteilt das andere schamlos und rechtfertigt sich mit frommen Thesen, um den kollektiven Machtwahn im Dunkeln, im Schatten des Bewusstseins zu verbergen. Die Einzelnen aber identifizieren ihr Wertebild mit dem Kollektiv, ohne es zu merken, und schieben somit ihren kollektiven Anteil an dem Verbrecherischen auch in den Schatten des Bewusstseins.

M: *Wie zeigt sich dieser kollektive Schatten nun in der Meditation?*

S: Wir sind ja schon bei der Bemerkung zum persönlichen Schatten zu dieser Frage gestoßen und haben gesehen, was geschehen kann, wenn unser kontrollierendes Bewusstsein in unserem Schweigen mit verstummt. Dann werden wir – über Gefühle oder als direktes Erkennen – der Seiten gewahr, die wir sonst eben im Schatten unserer Wahrnehmung »ruhen« lassen können, was nicht heißt, dass sie nicht täglich ausgelebt würden, nur eben unerkannt. Zu der möglichen

Erschütterung über persönlich erworbene Identifizierungen mit ihren Schattenfolgen kann also auch die Bestürzung darüber kommen, dass man in sich selbst auf einmal das grundsätzliche Wirken dieser Sucht nach Ersatz entdeckt und mit ihm das Potenzial zur Menschenverachtung, zur herrschsüchtigen Überheblichkeit, zu betrügerischer Listigkeit bis hin zur Mordbereitschaft. Als sei man mit den Übeltätern auf der ganzen Welt verwandt, nein, man sieht sich endlich mit den Übeltätern auf der ganzen Welt verwandt, auch wenn man kein einziges Gesetzlein übertreten hätte, auch wenn es einem gelungen wäre, Versuchungssituationen zu vermeiden. Vielleicht will man sich im Moment solchen Erkennens noch einmal retten vor der Tragweite dieser Einsicht, indem man sich schnell zu fürchten beginnt vor dem Bösen da draußen, indem man sich lieber mit Schwäche identifiziert, nur um die eigene mögliche Bösartigkeit nicht sehen zu müssen. Aber das wird nicht lange gelingen, wenn man in seiner Übung bleibt.

M: *Gerade auch dieser Zusammenhang macht klar, dass Meditation in diesem Sinn nicht harmlos ist, also keine »wohltuende« Entspannungsmethode, sondern mit einem Selbsterkenntnisprozess einhergeht, der die tiefsten Wurzeln der menschlichen Unheilsgeschichte einschließt.*

S: Ja. Ist es nicht absurd, – oder ist es vielleicht ganz und gar logisch, dass man in dem Augenblick, da man sich loslöst aus den übernommenen Zwängen, die das Über-Ich einem aufdiktiert hatte, und entdeckt, dass man weder etwas wissen noch können noch haben muss, um sich eins mit dem Einen zu erfahren, dass man gerade dann den kollektiven Schatten solcher »Mehr-Sucht« überdeutlich und schmerzlich zu spüren bekommt?

Auf einmal dämmert uns, dass wir mit jedem überheblichen Gedanken und mit jedem achtlosen Tun nicht irgendeinen anderen, sondern uns selbst verraten und verletzen. Dass wir uns an unserem substanziellen Einssein vergehen, wenn wir dem Nachbarn ein Leid antun. Wir vergehen uns an uns selbst. Wir vergehen uns an dem einen Selbst. Wir leiden allen angetanen Schmerz an uns selbst.

M: *Wie geht man mit dem Phänomen des kollektiven Schattens um, wenn sich diese Dimension in der Meditation auftut?*
S: Ich merke gerade, wie hier die Frage »Wie umgehen?« eigentlich gar nicht passen will. Man kann nicht »umgehen« mit dem kollektiven Schatten, man kann nur sitzen bleiben, wenn die Gefühle und Erkenntnisse aus diesem Bereich aufsteigen.

M: *Sitzen bleiben?*
S: Ja, nicht ausweichen, sondern diese Spannung aushalten, die Spannung zwischen dem Wunsch, dass es nicht so sein möge, und dem gefühlten Anerkennen, dass es so ist. Sich dieser Spannung aussetzen, indem man von seinem Atmen aus zu dieser Spannung schaut und sie da sein lässt samt dem möglichen Schmerz. Dann wird man von selbst nicht mehr nach irgendeinem Ausweg suchen, man wird nicht anders können, als einfach da zu bleiben, still. Es mag aus solchem betroffenen Schweigen – so zeigt es die Erfahrung – irgendwann ein Ja aufsteigen. Dieses Ja fühlt sich an wie eine Verneigung. Als beuge man sich ohne Abwehr und ohne Gejammer dem, was man erkennt. Ja, so ist es. Ja, so bin ich. Und damit richtet man sich auf, in Würde.

M: *Und diese Annahme löst dann – erstaunlicherweise – die unbewusste Identifikation.*
S: Das Ja bewirkt tatsächlich, dass ich mich vor dem Potenzial nicht mehr fürchte. Je mehr ich meine dunklen Möglichkeiten sehe und anerkenne, je mehr ich die Spannung zu dieser Möglichkeit ertrage, desto mehr fühle ich die Freiheit, dieser Möglichkeit nicht folgen zu müssen. Das Ja zu

dem kollektiven Schatten, mit dem ich verwoben bin, macht auch, dass ich diesen Bereich als einen Bereich sehe, dass ich durch diesen Bereich hindurchsehe und mich in meiner letzten Tiefe von ihm unbetroffen weiß. An der Oberfläche des Bewusstseins will ich ihn nicht wahrhaben, auf einer tieferen Ebene des Bewusstseins muss ich ihn als wahr nehmen. In der Tiefe des Bewusstseins aber treffe ich auf ein Wahr-Sein, das von dem Dunkeln nicht angegriffen wird, da es Dunkles wie Helles einschließt und gleichzeitig weder mit dem einen noch dem anderen identifizierbar ist.

Vielleicht müssen wir aber doch immer wieder, einzeln und kollektiv, bis zum Abgrund der Schuld gehen, um dort den Grund zu erfahren, auf dem es keine Schuld gibt, kein Verletzen des Einen. Von dort aus werden wir immer weniger in die Sackgasse des Dilemmas zwischen Individualisierung und Kollektivierung kommen, sondern den Weg zu dem Bewusstsein finden, das diese Gegensätzlichkeit dadurch überwindet, dass es sich anschließt an das Übergegensätzliche selbst.

Dort sehen wir auch, dass die Not am Mangel der Urverbundenheit an sich die große Täuschung ist, die uns die Identifikation mit unserem dualistischen Bewusstsein vorspiegelt. Wie könnten wir jemals das Einssein mit dem *Einen*, dessen Manifestation wir sind, verlieren?

Erleuchtung

Erwachen zum ursprünglichen Sein

M: *Wir kommen jetzt zu einem Thema, das im Umfeld der Meditationsbewegung eine ganz zentrale Rolle spielt und mit dem Begriff »Erleuchtung« bezeichnet wird. Das ist ein großes Wort, ein vielverheißendes, und irgendwie bezeichnet es auch das Ziel der ganzen Übung. Ein sehr attraktives Ziel offensichtlich und auch eines, das einen motivieren kann, schwierige Wegphasen hinzunehmen. Einerseits heißt es, man kann und soll darüber nicht sprechen, und es gilt als weise Zurückhaltung, dies zu beachten, und andererseits ist das Thema aber doch so interessant, dass viele Worte darüber gemacht werden, viele Phantasien darüber kursieren und wohl auch viele Missverständnisse. Ich möchte also gerne mit Ihnen auf dieses Thema zu sprechen kommen, um Klärung zu schaffen zu Aspekten, wo Klärung möglich ist. Was denken Sie darüber?*

S: Worüber? Über Erleuchtung? Über das, was man alles darüber sagt und vielleicht nicht sagen soll? Über die Motivation, die man aus der Zielsetzung gewinnen kann? In dem Sinn, dass man sich sagt: Um der Erleuchtung willen werde ich weiter üben?

M: *Ja, fangen wir einmal damit an: dass es als Ziel so etwas grundlegend Großes ist, was es zu gewinnen gilt, sodass man bereit ist, die zuweilen schwierigen Zeiten auf sich zu nehmen.*

S: Da muss ich an das letzte der vier großen Gelübde im Zen[16] denken, das da sagt: »Der Weg des Erwachens ist unübertroffen; ich gelobe, ihn ganz zu gehen.« (Es gibt dazu auch andere Übersetzungsversionen.) Ja, es ist wie mit einer Bergtour: Auf dem Gipfel ankommen, das ist eine große Sache! Dieser Gedanke weckt natürlich Kräfte und vor allem Durchhaltevermögen, wenn man auf halber Strecke erschöpft zusammenbricht und aufgeben möchte. Soweit hat die Idee von der Erleuchtung eine gute anspornende Wirkung auf die Sammlung im Sitzen in der Stille, vor allem eben in den Phasen, in denen man mit Schwierigkeiten konfrontiert wird, sodass der Blick auf den Gipfel, der das Ende aller Mühen sein soll, einen wieder antreibt.

Der Blick auf das kommende Erleuchtungsereignis birgt aber die Gefahr in sich, dass man dann dasitzt um der übermorgigen Erfahrung willen. Und vor lauter Hoffnung auf das große Ereignis ganz vergisst, dass es in dieser Übung nur um *jetzt* geht. Und vor lauter Schielen auf den Erfolg nicht mehr sieht, wie Stille gerade *jetzt* mit einem ist. Es ist, wie wenn man mit sturem Blick auf den Berggipfel diesen Schritt nicht mehr genießt und die Enziane am Wegrand übersieht.

Aber nicht nur in diesem Sinn ist es nicht ungefährlich, sich auf das große Ereignis zu freuen. Man meint damit, dass nur dieses die befreiende und erfüllende und verwandelnde Wirkung auf das Leben haben könne. Man beachtet und achtet in solcher Illusion nicht, wie jede Minute stillen Sitzens auf das ganze Leben wirkt, ob man jemals so etwas wie Erleuchtung erfahren wird oder nicht. Und man stärkt den täuschenden Gedanken, dass das Leben nach der Erleuchtung leichter sein müsse. Es *ist* leichter, es ist fraglos leichter. Und auch *nicht*, wirklich, auch nicht. Es ist nicht so, dass Alltagsprobleme wie auf einen Schlag hinweggefegt würden. – Sie meinen, niemand meine das? Das gibt nur kaum jemand zu. Also, so ist es eben nicht. Und vor allem kommt hinzu, dass man gerade von einem solchen Erlebnis aus um so deutlicher und vielleicht auch schmerzlicher die Diskrepanz erfährt zwischen der Verfassung, in der man sich für eine Weile befand und die Dinge so gesehen hat, wie sie wirklich sind, und dem gewöhnlichen Gemütszustand, der einen doch wieder erwischt und überkommt.

M: *Mit einer Erleuchtungserfahrung ist also nicht schon alles geritzt?*
S: Nein, denn dann kommt die Aufgabe auf einen zu, das

Erfahrene zu integrieren, und diese Aufgabe ist nicht unbedingt gering. Darauf werden wir sicherlich zu sprechen kommen.

M: *Den Begriff »Erleuchtung« haben wir jetzt ganz selbstverständlich in den Mund genommen. Ist dieser Begriff überhaupt passend für das, was er bezeichnen soll?*

S: »Erleuchtung« ist ein schönes Wort für Erleuchtung! Sonst hätten wir es nicht als Titel gelten lassen. Aber es ist auch missverständlich, weil man bei »leuchten« an ein Erleben denken könnte, das mit einer außergewöhnlichen Sinneserfahrung zu tun haben müsste. Mit einer solchen Idee hält man sich von dem, was Erwachen für einen bedeuten könnte, fern, genauso wie mit jeder anderen Vorstellung, die man sich davon macht.

M: *Jetzt haben Sie »Erwachen« gesagt. Das entspricht im Übrigen auch der wörtlichen Übersetzung von »Buddha« – der Erwachte, nicht der Erleuchtete.*

S: Ja, so ist es. Erwachen ist für mich auch ein angemessenerer Ausdruck. Denn in einem solchen Erleben ist einem, wie wenn man aus einem Traum erwacht. Man sieht auf einmal die Wirklichkeit. Das Besondere an dem Erleben ist nicht, dass man etwas Helleres oder Schöneres oder Größeres erfährt als das, was man bisher gesehen und vernommen hat.

Es ist, dass man die Realität, die ist, wie sie war, anders erfährt. Zum Beispiel erfährt man, dass eine Amsel auf einem Ast sitzt. Das ist, was man in der Erleuchtung erfahren kann. Und dieses ziemlich alltägliche Bild trifft einen auf einmal so, wie man es mit den üblichen, einem bis dahin zur Verfügung stehenden Qualitäts-Begriffen, gar nicht beschreiben kann. Was man sagen könnte ist, dass man nun endlich die wirkliche Amsel gesehen hat, die *Amsel*. Als habe man bis dahin noch nie eine Amsel gesehen, obwohl man schon viele Amseln gesehen hat. Man könnte – im Nachhinein – auch sagen, dass man endlich sich selbst erfahren hat; obwohl man gerade eine Amsel gesehen hat. Als sei keine Trennung zwischen dem, der schaut, und dem, was das Schauen gerade antrifft. Als sei keine Trennung zwischen mir und der Amsel; als erkenne ich *mich* in dieser Amsel auf dem Ast. Als säße ich selbst schon immer auf diesem Ast, während ich gleichzeitig ganz genau weiß, dass ich auf dieser kleinen Mauer sitze und hinüberschaue zu dem Ast mit der Amsel. Aber dieses mein Auf-der-Mauer-Sitzen ist auf eine schwer beschreibbare Weise genau das gleiche wie die Amsel dort auf dem Ast. Sollte in einem solchen Augenblick ein Motorengeräusch gerade von der Straße her zu einem herauf schallen, so wäre dieses Geräusch auch nichts anderes als die Amsel auf dem Ast. Wenn man dann den Kopf wendet und der Blick auf eine Sonnenblume oder auf einen Türrahmen fällt, dann sieht man schon wieder *das,* was sich einem da als Amsel auf dem Ast gezeigt hat. Man wird deswegen nicht eine Sonnenblume oder den Türrahmen, der einem in den Blick fällt, für eine Amsel halten. Man ist nicht realitätsverwirrt. Man ist wirklichkeitswach. Man sieht schon wieder oder noch immer – noch immer sieht man dieses *Eine.* Als sei *Es* hier eine Amsel und da eine Sonnenblume, und jetzt der Türrahmen, und nun die Tischkante. Und gleichzeitig weiß man *Es* als Ich. Mir ist, als sehe ich schon wieder, oder noch immer, oder immer und immer, wie in einem Spiegel – nur mich. Als sei ich mit allem, was ist und war, eins in einer einzigen Gegenwärtigkeit, die, in sich nicht greifbar, alles mit sich erfüllt, mit reiner Gegenwart, mit Anwesenheit. Alles ist in Ordnung, so naiv das klingen mag, alles ist gut.

Das ist eine mögliche Andeutung von Erwachen. Wenn jemand schon einmal von einem solchen Erleben auch nur hauchweise berührt worden ist, so wird ihm diese Beschreibung nicht als barer Unsinn erscheinen, sondern es wird in ihm etwas widerklingen von dem, wie diese Wirklichkeit sich zeigen kann.

M: *So also sieht es auf dem »Gipfel« aus. Dieser »neue Blick« muss sich aber nicht immer an einer Sinneswahrnehmung wie der Amsel eröffnen?*

S: Nein. Er kann sich einem auch ereignen, wenn man einen Satz vernimmt, der von dem Eigentlichen spricht, wie z.B. die erste Zeile aus Daio Kokushis Text »Zen«[17]: »Es gibt eine Wirklichkeit, die selbst Himmel und Erde vorausgeht.« Aber es muss letztlich weder eine Amsel noch ein Geräusch noch ein Weisheitssatz sein. Es muss gar nicht ein bestimmter Auslöser zu erkennen sein. Es könnte auch sein, dass jemand mitten in seinem In-der-Stille-Sitzen etwas erfährt, was man Erwachen nennen kann; dass *Es* sich ihm mitten in der Stille auf einmal eröffnet.

M: *Das ist ein wichtiger Punkt. Zunächst führt einen der Übungsweg dazu, sich der Stille zu nähern; und es ist schon sehr segensreich, wenn man allmählich damit vertraut wird, sich der Stille zu öffnen, sie gleichsam zu hören und dadurch Klarheit und Präsenz in sein Leben zu bekommen – immer wieder auch im Alltag. Nun sagen Sie: »In dieser Stille kann es sich eröffnen.« Dann unterscheidet sich die Stille noch einmal vom Erwachen?*

S: Ja und nein. Bevor man erwacht, ist das Erleben von Stille nur Erleben von Stille, unterschieden von Erwachen. Im Erwachen ist das Erleben von Stille gleichzeitig die Erfahrung des Eigentlichen, um diesen Ausdruck für das Nicht-Beschreibbare zu gebrauchen. Von da aus zurückgeblickt, war die Stille schon immer genau dieses Eigentliche, und jedes Erleben war *Es* schon, nur hat man es nicht erkannt. Solange man *Es* nicht erkennt, ist Stille etwas anderes als Geräusch. Wenn aber das Husten des Nachbarn in die Stille des Erwachenden tönt, so ist es, als bekomme man mit dem Gehuste gerade ein neues Paar Ohren geschenkt, und die hören – das Eigentliche: Hust, Hust, Hust. Und dies ist nichts anderes als Stille.

M: *Noch einmal zu dem Phänomen, dass die Stille selbst sich einem als das Eigentliche zeigt. Wie geschieht das?*

S: Das weiß ich nicht. Das Eigentliche trifft wie der Blitz aus heiterem Himmel, manchmal eher wie ein Windhauch. Man kann – Gott sei Dank – nicht ausmachen, wie es kommt. Es könnte jemanden treffen, der sich das allererste Mal in die Stille setzt. Aber ich weiß wohl, dass Ihre Frage nicht auf Machbarkeit zielt, sondern ...

M: ... *richtig, es geht mir mehr darum, die Verfassung, die mit dem Erwachen zu tun hat oder dem Erwachen vorausgeht, noch differenzierter zu sehen.*

S: Ich weiß, was Sie meinen und weiß nicht, ob ich dazu etwas sagen kann, weil es immer wieder und für jeden Übenden anders »läuft«. Aber wenn man andere Möglichkeiten auslässt und nur etwas Grundsätzliches zu beschreiben sucht, so versuche ich, es so zu sagen:

Atmend sitzt einer (oder eine) da und horcht auf die Stille. Er wird sich der Stille gewahr, als sei sie um ihn herum. Er da, sie um ihn herum. Er lauscht zu ihr hin. Dann ist ihm vielleicht, als sei sie auch in ihm selbst oder *nur* in ihm selbst. Er da, sie in ihm drin. Er lauscht und beobachtet, was da mit der Stille und ihm geschieht. Wenn es ihm gelingt, das Beobachten nun immer mehr loszulassen, ohne einzudösen, dann wird er von dem, wie es dann mit der Stille ist, nur im Nachhinein etwas sagen können, wenngleich er klarwach dabei ist. Dann also kann es sein, dass es ihm immer noch stiller und stiller wird, und das hat nichts mit leise zu tun. Als fülle die Stille den Raum und ihn selbst durch und durch aus, bis irgendwann nur noch Stille ist, klare natürliche Stille, ohne »mystisch aufgeladenen Geschmack«, – sodass man sich selbst in diese Stille hinein vergisst, hellwach. Oft vergisst man dabei auch ganz und gar die Zeit und ist dann überrascht, dass nach fünf Minuten eigenen Maßes schon eine halbe Stunde vergangen sein soll.

Diese Stille, die man vergleichen kann mit grenzenloser Weite oder mit nichts als Offenheit oder Leerheit, die wird, so paradox es klingt, auf einmal und ohne Bruch zu: *gerade das*! Auf einmal ist sie selbst: *gerade jetzt*. Nichtzeit ist – *gerade jetzt*. Nichts, was dieses Jetzt ausmacht außer die Immer-Stille oder Leerheit oder Nichtheit selbst. Sie wird Ereignis, sie ist Faktum, greifbares »Da«. Wenn jemand nun fragen würde: und was ist mit *dir*? Dann könnte man nur sagen: Das *»Da«* ist, was ich bin. So meine ich, dass auch die Stille selbst der Auslöser des Erwachens zur Stille selbst sein kann. Und natürlich, wenn das so geschieht, dann ist alles, was als nächstes in die Wahrnehmung tritt, wieder nichts anderes als dieses eine Faktum, eins mit Stille, eins mit mir selbst.

M: *Dann ist die Sinnspitze dieser Erfahrung, dass das Absolute nicht jenseits der Welt, die davon getrennt wäre, erfahren wird, sondern dass das Absolute ganz drinnen ist in dieser Welt; oder sogar auf eine geheimnishafte Weise diese Welt ist. Das macht das Klischee von der Weltabgewandtheit der Meditation völlig hinfällig.*
S: Ja. Wie es im Herzsutra[18] heißt: Form ist nichts anderes als Leere, Leere nichts anderes als Form. Alles andere ist Täuschung. – Wie das zweite der vier großen Gelübde es sagt: »Täuschende Gedanken und Gefühle sind grenzenlos; ich gelobe, sie alle zu lassen.« Darum geht es. Die Fixierung auf Form löst sich auf in die Erfahrung von Weite, die Erfahrung von Weite stülpt sich wie um – in das Erkennen von: Form ist nichts anderes als Weite, Weite nichts anderes als der, der da sitzt und das gerade erahnt. Das wird Selbsterkenntnis oder Wesensschau genannt.

M: *Das erinnert auch an das Wort des alten Zen-Meisters Dogen Zenji: Sich selbst erkennen heißt, sich selbst vergessen. Aber wer erkennt dann eigentlich?*
S: Das weiß ich nicht. Ich werde es nie wissen. Und die Dynamik dieses Nichtwissens könnte ich so schildern: Mein

Bewusstsein nähert sich dem Nicht-zu-Wissenden, indem es sich ausweitet in Nichtwissen hinein. Dieses Nichtwissen stülpt sich um in mein Bewusstsein hinein. Als ob das Nicht-zu-Wissende sich selber greife in dem nichtwissenden Bewusstsein meiner selbst.

Also wer erkennt? Nichtwissen erkennt sich selbst. Nichtwissen als Bewusstsein ist meine Identität. Das heißt nicht, dass mir etwas fehlt in diesem Nichtwissen; das heißt nicht, dass ich etwas Bestimmtes nicht weiß, was ich wissen könnte und möchte. Es heißt, dass mein Wissen sich vergisst in Nichtfassbares hinein. Und dass »mir« dies dabei bewusst wird als meine Identität. Das ist tiefste Selbst-Gewissheit. Und indem ich solche Worte zur Beschreibung finde, befinde ich mich mit ihnen gerade wieder weit entfernt von der Wirklichkeit dessen, was ich zu beschreiben suche.

M: *Und die Dinge um einen herum? Sie »sprechen« alle dasselbe?*
S: Ja, sie sprechen alle von diesem Selben, von diesem nicht greifbaren Geist der Leerheit und davon, dass sie in ihrer Leerheit eins sind mit uns, innerlichst identisch, obwohl sie uns nicht gleichen, die Tassen und die Besen oder die Wolken und Bäume. Es ist dieses alles durchdringende, wunderbare Nicht-Etwas, das uns verbindet; diese Wirklichkeit, die selber nicht gebunden ist an ein Etwas.

M: *Das ist auch noch einmal wichtig: dass bei voller Einheit zugleich die Vielheit präsent ist. Denn das Reden von Einheit in der mystischen Erfahrung löst oftmals Verunsicherung und Ablehnung aus, weil man mit Einheit Gleichmacherei oder Gleichgültigkeit, Vernebelung, Einheitsbrei und Beziehungsunfähigkeit assoziiert – es gibt eine Assoziationskette in diese Richtung. Aber in dem von Ihnen gesagten Sinn – man kommt mit der Sprache schon an eine gewisse Grenze – sind sozusagen die Blume als Blume und der Vogel als Vogel weiter da, auch wenn sie die vollkommene Einheit mit einem selber und untereinander sind.*

S: Und so, in der Erfahrung von Einheit, darf der andere als anderer auch in der Tat anders fühlen und denken und handeln als ich. Bis dahin verwechseln wir leicht die Wahrnehmung von Ähnlichkeit mit der Erfahrung von Einssein. In dieser aber brauche ich es nicht, dass jemand mir ähnlich ist, um mich nah zu fühlen oder als Bestätigung für Zugehörigkeit. So anders andere sind, wir sind uns immer *absolut* nah, auch wenn uns äußere und innere Kontinente trennen.

M: *Wenn man das mit Worten zu greifen versucht, ist das wahrscheinlich immer so, dass diese ins Taumeln geraten: Einheit von Unterschiedenheit und Einheit. Da merkt man schon, wie die Worte knirschen, wenn man sich mit ihnen in die richtige Richtung zu tasten versucht.*

S: Da haben Sie vollkommen Recht, unser Gespräch zeigt es gerade. Im Paradoxon scheint es am ehesten durch, das Übergegensätzliche. Gewöhnliche Sprache verfängt sich in der Gegensatzkontur.

M: *Es gehört auch zu Ihrer Aufgabe als Begleiterin zu unterscheiden, worum es im jeweiligen Fall bei einem Übenden geht: Hat jemand diese Art von Wesensschau, von Erleuchtung und Erwachen? Deutet sein Hochgefühl darauf? Oder hat jemand nur einfach so ein gewisses Hochgefühl? Soweit ich sehe, ist das Erwachen nicht ursprünglich ein Gefühl.*

S: Erwachen ist kein Gefühl. Erwachen ist Erkennen, weder intellektuelles Erkennen noch empfindungsmäßiges oder gefühlsmäßiges Erkennen, sondern ein Erkennen eigener Art, in dem ein neues Sinnes- und Fühlorgan mit erwacht, eine spezifische Sensibilität für das, was sich einem zeigt, und auch eine spezifische Resonanz darauf. In diesem Erkennen klärt sich etwas gerade dadurch auf, dass Ideen und Gefühle und Konzepte wegfallen. Ein Kriterium für Erwachen ist darum, dass man eine Klarheit erlebt, die frei ist von üblichen Gefühlen und von interpretierbaren Einsichten. Frei von üblichen Gefühlen, sage ich, denn da ist wohl Resonanz – schwer beschreibbar: ein absolutes Erfülltsein und eine Seligkeit, neu und gleichzeitig überraschend urvertraut, ein tiefes Gefühl einer bisher nicht gekannten Freiheit. Diese kann einen leise durchdringen oder sie kann einen durch und durch erschüttern, eine Flut von Tränen oder von Lachen auslösen. Aber eigentlich sind diese Reaktionen eben schon Reaktionen, ein »Nachklang«, der aber durchaus das Erkennen selbst begleiten mag. Das hängt oftmals zusammen mit dem Weg, der bis zu diesem Erfahren geführt hat, und auch mit der Temperamentslage, die man mitbringt.

M: *Wie würden Sie das in Zusammenhang bringen mit dem Beispiel der Amsel?*

S: Wenn jemand Monate oder Jahre auf ein Erwachen hin geübt hat, dabei vielerlei Schmerzen und Durststrecken durchlitten hat und immer wieder auf eine solche »Amsel« gewartet hat, dann, ja, dann kann es sein, dass er beim Anblick der Amsel fast von der Mauer fällt oder in die Lüfte springt – vor tiefer, dankbarer Freude. Vielleicht wird sich die ganze jahrelange Spannung, die in ihm war auf dieses Erlebnis hin, in einem Sturm von Lachen oder Weinen auflösen.

Ein anderer, den es vielleicht noch nie nach der Stille verlangte, und der mit einem Freund im Gespräch auf der Mauer sitzt und dann in einer kleinen Pause seinen Blick zum Baum hin wendet und unvermutet für Sekunden getroffen wird von dem Blitz der Wirklichkeit dieser Amsel auf dem Ast und damit von der Wirklichkeit von allem Seienden auf der ganzen Welt und damit von der Wirklichkeit seiner selbst – der wird vielleicht einfach denken: Aha, wie eigenartig! Warum ist plötzlich alles so klar? Ich weiß gar nicht, wie mir ist. Er wird die Bedeutung seines Erlebens vielleicht nicht bald erkennen oder – umgekehrt – sie bald wieder vergessen. Wem wäre nicht irgendwann auf irgendeine Weise ein Erleben von solcher Qualität widerfahren?

So könnte ich jetzt noch eine Reihe von Beispielen aufzählen. Ich könnte auch verallgemeinernd aus meiner Erfahrung sagen: Dem cholerisch Geprägten wird sein Erkennen eher in einem Durchbruchserleben zuteil. Wer zum Melancholischen neigt, wird auf den Augenblick seines Erkennens eher mit einer stillen Freude reagieren, in der er allen bisherigen Schmerz von der erlösenden Klarheit durchwoben und durchleuchtet sieht. Der sanguinisch Betonte wird am liebsten gleich der ganzen Welt erzählen, was für eine grandiose Amsel er da gesehen hat! Der phlegmatisch Geartete wird sich vielleicht in tiefer Zufriedenheit sagen: »Das wusste ich eigentlich schon immer.« Aber es kann auch sein, dass dieses Erkennen uns unsere Temperamentsneigung vergessen lässt und wir anders reagieren als je einer von uns dächte!

In jedem Fall wird man sich von solcher Erfahrung her »angekommen« fühlen. Man weiß sich urverbunden, man weiß sich ganz und heil mit allem, was war, wie es war, und so, wie man ist, so unvollkommen wie man wahrscheinlich noch immer ist!

M: *Also das, was mich bisher ausgemacht hat, wird nicht ausradiert, sondern es erfährt sich ganz neu?*

S: Man erfährt, dass das, was einem als unbedingte Identität aufleuchtet, alles Bedingte, was einen ausgemacht hat und weiterhin ausmacht, durchdringt. Manch einer sagt dann – zur eigenen Überraschung: »Ich bin erlöst. Wir sind alle erlöst.« Als sehe der Erwachende in solchem Moment, wie alle Lebewesen auf der Welt so, wie sie sind, ohne etwas hinzuzufügen und ohne etwas verpassen oder verraten zu können, schon die vollständige Offenbarung dieser unbedingten Wirklichkeit, dieses *einen* Seins sind. Das lässt an das Wort des historischen Buddha denken, das er bei seiner Erleuchtungserfahrung ausgerufen haben soll: »Ich und die weite Welt und alle Lebewesen haben den Weg schon vollkommen verwirklicht.«

M: *Lassen Sie uns nun einmal genauer auf das Erwachen und die Unterschiede und Abstufungen in dieser Erfahrung des Erwachens schauen. Wir haben ja schon gesehen, dass die Intensität des damit einhergehenden Gefühls nicht unbedingt ein Maß dafür sein muss. Nach welchen Kriterien können Unterschiede gemacht werden?*
S: Vier Kriterien[19] sind aus meiner Sicht am wesentlichsten. Wobei wir mit ihrer Benennung das Erfahren natürlich irgendwie künstlich auseinander nehmen, aber ich meine, dass wir als Menschen von heute auch eine Pflicht haben, uns mit unserem denkenden Verstehen – so weit es geht – an das Geheimnis dieser Erfahrungsdimension, die unbeschreibbar und unbegreifbar bleibt, heranzutasten.

M: *Ja, ich denke, dass das auch Menschen, die solche Erfahrungen hatten, hilft, diese zu verstehen und daraus einen neuen Übungsimpuls zu gewinnen.*
S: Und es kann Menschen, die meinen, noch nie von einer solchen Erfahrung berührt worden zu sein, auch zeigen, dass ihre Sehnsucht und ihr Ahnen genau dieses Eigentliche betrifft.

M: *Zudem, so sehe ich es, ermöglichen Kriterien zu dieser Erfahrung auch eine gewisse Klärung, eine Abgrenzung von Erlebnissen, die vielleicht ähnlich ausschauen und dann doch gar nicht eine solche Erfahrung sind.*
S: Also, jetzt endlich die Kriterien: Von dem ersten Kriterium war schon die Rede. Man kann es Reinheit der Erfahrung nennen. Damit meine ich, dass sich in die Erfahrung des Erwachens weder Gedanken noch Gefühle aus der bedingten Sphäre unseres Geistes mischen, weder Begeisterung über eine besonders schöne Farbe noch ein Gedanke, der feststellen wollte, was für eine Erfahrung das nun sei. Konzepthafte Gedanken von Transzendenz oder Erleuchtung haben in dem Erleben keinen Platz.

M: *Was wäre das zweite Kriterium?*

S: Die Tiefe der Erfahrung. Damit meine ich das Ausmaß, in dem das Erfahrene alle meine Wahrnehmungen durchdringt. Eine Erfahrung kann, ob sie mich flüchtig berührt oder heftig bewegt hat, am Bild der Amsel mehr oder weniger hängen bleiben, an diesen besonderen Auslöser gebunden bleiben, sodass sie sich nicht auf weitere Wahrnehmungen ausdehnt. Dann wirkt sie noch nicht in alle Tiefen meiner Existenz hinein. Dann wird man möglicherweise noch zwanzig Jahre danach von der Amsel erzählen können, aber man weiß sich in diesem Erfahren noch nicht ganz und gar gemeint in dem Sinne, dass man selbst bis in die letzte Zelle seines bedingten Daseins hinein nichts anderes ist als das, was die Amsel an unbedingtem Ganzsein gezeigt hat. So erkennt man die Tiefe der Erfahrung also auch daran, ob man – zumindest für eine Weile – alles, was den Sinnen geboten wird, in diesem neuen, vollkommenen Licht erkennt. Oder ob die leiseste Herausforderung – zum Beispiel dass man sich den Fußknöchel verletzt, wenn man die Mauer verlässt – einen in die gewohnte Denkart zurückwirft, die klagend meint zu wissen, was sein dürfe und was nicht.

M: *Sie meinen, auch das Leid könne in einer vertieften Erfahrung in anderem Licht erscheinen?*

S: Ja, auch das Leid. Nicht dass man keinen Kopfschmerz mehr empfindet oder nicht mehr trauert, oder dass man nicht mehr mitfühlt, wenn jemand leidet; nicht dass man nicht mehr fühlt! Sondern dass man nicht im meist unbewussten Widerstand gegenüber dem Leid stecken bleibt, anstatt es einfach zu erleiden bis zur Erfahrung hin, dass in der Tat auch jede Art von Schmerz nichts anderes ist als diese unmittelbare absolute Gegenwart. Das nimmt dem Leid nicht das Leid; es gibt ihm aber den Glanz des Eigentlichen und damit seine Würde. Und obwohl ich diesen Zusammenhang so erlebt habe, bin ich vorsichtig, ihn auszusprechen; ich will mir nicht einbilden, dass es nicht Grenzen gäbe, an denen einem eine solche Durchsicht vergeht, sodass man – ausgeliefert dem Unaushaltbaren – sich nur neigen kann vor dem Mysterium des Leidens.

M: *Das halte ich für gut und wichtig, dass Sie diese Zurückhaltung bezüglich Leiderfahrung aussprechen. – Sie haben Differenzierungen bezogen auf die Durchdringungstiefe der Erfahrung des Erwachens geschildert. Meinen diese Differenzierungen, in anderen Worten gesagt, ob mich die Erfahrung in einen Fall gestreift hat, sozusagen mal kurz bei mir vorbeigeschaut hat oder im anderen Fall mich ergriffen hat, also richtig in mir Platz genommen hat?*
S: Es hängt damit zusammen; wobei Sie mit Ihrer Frage schon zu dem dritten Kriterium kommen.

M: *Und das wäre?*
S: Das dritte Kriterium bezieht sich auf die zeitliche Ausweitung des Erfahrens: ob man sich nur für den Bruchteil einer Sekunde getroffen fühlt von dem zeitlosen Jetzt – Dürckheim nannte ein solches Erfahren eine Seinsfühlung –, oder ob es dauern kann über Stunden und Wochen oder mehr.

Dieses Kriterium verwebt sich natürlich mit der Durchdringungstiefe der Erfahrung. Die Dauer hängt aber nicht nur von herausfordernden Situationen ab, die einen herausholen können, sondern paradoxerweise auch und gerade von dem Wunsch nach Dauer. Sobald man versucht, diese total offene Verfassung zu halten, hat man sie schon verloren. Jedes Wollen schließt zu. Mit jeder Vorsicht gegenüber der Gefahr des Herausfallens ist man schon herausgefallen.

M: *Was unterstützt denn die andauernde Öffnung?*
S: Man soll schätzen, was war. In dieser Zufriedenheit ist man am ehesten offen für das, was jetzt ist, wie es ist, und so öffnet sich am ehesten das Tor zu weiterem Erfahren. Und

zudem wird das Sitzen in der Stille einen mehr und mehr lehren, die feinen Qualitäten von gefühlsmäßigem Anhaften und Abwehren zu erkennen und auch den Hang, Konzepte zu konstruieren. Anstatt diese Tendenzen dann zu bekämpfen oder seinen Geist in einen »zenhaften« Gleichmut hineinzuzwingen, bis es einem gelingt, mit geheuchelter Gelassenheit herumzuspazieren, kann man schauend innehalten, bis das Schauen solches Haften durchschaut und auch dieses im Lichte der unbedingten Wirklichkeit sieht, die ja keine einzige Bedingung scheut, sich zu zeigen. Damit hat die Fixierung sich wieder aufgelöst, wie Wolken am Himmel sich verziehen, und man ist wieder bei der Vertiefung angelangt. In diesem Sinn ist das Üben an der Tiefe wichtiger als das Schielen auf die Dauer. Es geht ja bei dem Erwachen nicht um einen Leistungssport, sondern letztlich um etwas, was man im Erleben am ehesten mit Gnade bezeichnen kann.

M: *Und was ist mit dem Ideal des Erleuchteten, der immerzu auf dem Gipfel dieses Erkennens bleibt?*
S: Auf dem Berggipfel zu bleiben, ist nicht das Ideal des Erleuchteten. Das Ideal ist eher, herunterzukommen von dem Gipfel und im Tal zu leben, bis kein Unterschied wäre zwischen oben und unten. »Wäre« sage ich, und da kommt mir in den Sinn, was Graf Dürckheim in diesem Zusammenhang sagte: »Eine Erleuchtung macht noch keinen Erleuchteten aus.« Ein Erleuchteter wäre somit jemand, der ununterbrochen im Zustand absoluter Erleuchtung bleiben könnte, sodass all seine Gedanken und Gefühle und Handlungen aus dieser wahren Sicht entspringen würden. Diesem Idealbild nachzurennen scheint mir gefährlich. Mir jedenfalls genügt, an meinem Jetzt zu üben und mich um das zu kümmern, worum es bei dem vierten Kriterium geht.

M: *Und was meinen Sie damit?*
S: Das vierte Kriterium betrifft die Verwandlungswirksam-

keit des Erfahrenen und damit die Integration in den Alltag. Diese ist wiederum verwoben mit allen anderen Punkten, aber als Kriterium betrifft es die spezielle Frage, wie das Erfahrene sich im Alltag zeigt und auswirkt, sodass man sehen kann, wie sich zum einen das subjektive Erleben des Alltags verwandelt, und wie zum anderen die Verwandlung der Persönlichkeit auch Früchte mit sich bringt, die der Umgebung zugute kommen! Allerdings darf man nicht meinen, dass von *einer* Erfahrung aus die Umformung des Alltags eine gemachte Sache sei. Sie hängt letztlich meistens mehr mit dem steten Üben zusammen als mit dem Erleuchtungserleben.

M: *Die Frage der Wirkung auf den Alltags ist hier und dort schon angesprochen worden, und sie wird uns noch näher beschäftigen, wenn wir unsere Aufmerksamkeit ganz auf den Alltag richten – im nächsten Kapitel.*

So möchte ich zunächst noch eine Frage anschließen bezüglich des Erwachens. Es gibt auch die Unterscheidung von allmählichem, graduellem Erwachen einerseits und plötzlichem Erwachen andererseits. Wie können Sie diese Unterscheidung näher charakterisieren? Oder was halten Sie überhaupt davon?

S: Wie plötzliches Erwachen sich ereignen kann, haben wir an dem Beispiel mit der Amsel gesehen. Plötzlich trifft das gewöhnliche Bild einer Amsel einen mit seiner unvergleichlichen »Schönheit«, mit der Schönheit reiner Gegenwart, sodass die bisherige Weltsicht zerplatzt: die Täuschung, die einen Unterschied machte zwischen dem Unbedingtem und bedingtem Augenblick, oder wie auch immer wir vom dualistischen Standpunkt her diese Trennung bezeichnen würden. Das, was ins Erleben hereinbricht und einen selbst in Gegenwärtigkeit versetzt, ist nicht ein *bisschen* anders als bisher. Es ist etwas *total* Anderes. Und obwohl es also beim Erwachen um einen radikalen Sichtumbruch geht, *muss* dieser einen nicht als ein plötzlicher Einschlag überraschen.

M: *Sondern? Wie kann ein solches Erleben allmählich geschehen?*
S: Man wird es nicht als ein solches Erleben bezeichnen, sondern man wird eines Tages feststellen, wie sich die Lebensstimmung grundsätzlich verändert hat; wie man offenbar allmählich und lautlos bei sich angekommen ist, bei einem weiten, nicht zu greifenden *Sich*; wie die Menschen und die Dinge sich einem immer mehr in ihrer Eigentlichkeit zeigen, jenseits von früheren Sympathie- und Antipathie-Abhängigkeiten; wie die Handlungen eine Umorientierung erfahren haben, als müsse man sich nicht mehr durchsetzen oder schützen, als werde man geleitet von der Verbundenheit mit dem Raum, der einen umgibt. Man weiß gar nicht, wie es gekommen ist. An ein besonderes Erleben erinnert man sich nicht. Wenn aber von der Sicht die Rede ist, die in der Erleuchtung auftaucht, oder wenn man Sätze hört wie »Form ist nichts anderes als Leere«, dann stimmt man fraglos zu.

M: *Das ist also eine Art allmählicher Umbruch im Bewusstsein, der stattfindet und in gewisser Weise auch übersehen werden kann, weil er gar nicht mit einem großen Bruch einhergeht. Geschieht der Umbruch dann gleichsam im und mit dem Integrationsprozess? Der steht für denjenigen, der eine einschneidende Erfahrung hatte, dann erst noch an?*
S: Ja, es stimmt, dass sich das allmähliche Erwachen eigentlich in den Alltag integriert, bevor es als solches erkannt wird! Die Integration hat somit oft einen undramatischeren Charakter als bei jenem, der auf einen Schlag die Wirklichkeit wie umgekehrt erlebt und dafür vielleicht noch gar nicht »reif« war, sodass sein gewordenes charakterliches Gewebe Mühe hat mit den Folgen der Erfahrung. Wir hatten ja bis jetzt nur von der direkten Reaktion auf die Erleuchtungserfahrung gesprochen. Was aber dann geschieht, wenn diese nach einer Zeit, seien es Minuten oder Wochen, wieder verblasst, ist eine andere Sache. Der Weg endet ja nicht mit einem solchen Erlebnis, sondern er beginnt erst recht. Um

zunächst den aufbauenden Aspekt zu nennen: die Erfahrung hatte einen auf einen Schlag aus der alten Ichbezogenheit befreit, und dieser Schlag gibt der weiteren Entwicklung einen gewaltigen Schub, sodass sich manche Veränderung schnell und wie von selbst vollzieht. Wenn einem nichts mehr fehlt, was braucht man dann noch suchthaften Ausgleich? Die andere Seite aber ist, dass mit dem Verblassen der Erfahrung auch wieder die alten Gewohnheiten aufzutauchen pflegen. Man meinte, es könne einen nichts mehr aus der friedvollen Gelassenheit bringen, und auf einmal kennt man sich nicht wieder oder besser gesagt, – kennt man sich wieder wie in alten Zeiten, wenn man seinen dampfenden Ärger gerade an seinem Nächsten auslässt. Da kann die Enttäuschung schmerzhaft sein, und die alte Selbstverurteilung ist auch gleich wieder zur Stelle samt dem Muster, dass das, was gerade geschehen ist, nicht sein dürfte, obschon es so *ist*.

Solche dramatischen Einbrüche wird der nicht durchmachen, bei dem unmerkliches Erwachen in den Alltag fließt ohne den Anspruch, einer einst gewonnenen Erkenntnis und erlebten Verfassung entsprechen zu wollen. Er hat gar keinen bestimmten Erfahrungsbezugspunkt, von dem aus er sich jetzt beurteilt und mit dessen Anspruch er sich vergleicht. Er ist nicht so *verrückt* zu meinen, er müsste sich mehr eins fühlen als er sich fühlt.

M: *Der mit der plötzlichen Erleuchtung muss mit der Integration gewissermaßen von vorne anfangen?*

S: Er wird jedenfalls auf Enttäuschungen solcher Art zu schauen haben, bis er diese ganz annehmen kann, auch wenn er noch nicht durch sie hindurchschaut bis zu dem Eigentlichen, das sich jetzt nicht in der Form einer Amsel zeigt, sondern in der Form eines enttäuschten Gefühls. Auch wenn er dies also noch nicht erfahren kann, weil er zu sehr in seiner Enttäuschung befangen ist, so wird ihn das innere Wissen darum ermutigen. Die Erinnerung an den Geschmack des Erfahrenen wirkt dann nicht mehr deprimierend, sondern sie erleichtert ihm das Wiederfinden der Offenheit und sie ruft ihn, der Spur zu folgen, die ihm zeigte, wie er gemeint ist.

M: *Braucht das Üben immer wieder solche Akzente von tiefen Erfahrungen oder geht es nur darum, dass Erfahrungen in die Person hineinwirken und sie verändern?*
S: Ob tiefe Erlebnisse sich wiederholen, das ist letztlich nicht entscheidend. Das einst darin Erfahrene kehrt jedenfalls wieder, wenn man an der Übung bleibt, es kehrt wieder auf die eine oder andere Weise, es kehrt immer mehr in einem *ein*, ob in weiteren Durchbrüchen oder in mehr kontinuierlicher und dadurch unmerklicher Weise.

Man darf auch nicht vergessen, dass dic Gegenwärtigkeit, in die einen die »leer-leere« Gegenwart versetzen kann, und die durch jedes Sitzen in der Stille weiter gepflegt und entwickelt wird, etwas Vertrautes wird auch im Alltag; ich könnte sagen, man gewöhnt sich daran, ohne dass es etwas Gewöhnliches wird. Auch das tiefe Im-Frieden-Sein und das Sattsein von Augenblick zu Augenblick wird vertraut. Von daher ist es verständlich und selbstverständlich, dass man von dem Eigentlichen nicht immer wieder umgeworfen wird, was nicht heißt, dass die Erfahrung sich nicht weiter und weiter ausdehnt. Auch wenn man grundsätzlich die unbedingte Wirklichkeit angeschmeckt hat, so hat man doch nur, wie Meister Dogen sagt, den Kopf durchs Tor gesteckt.

M: *Wird die Integration dieser Wirklichkeitsdimension in das normale Leben immer leichter oder kommt sie gar an ein Ende?*
S: So könnte man meinen und hoffen. Ich erlebe es anders.

M: *Dass sich die Klarheit und Präsenz an immer subtileren Verstrickungen reibt?*

S: Genau. Die Wahrnehmung der Diskrepanz zwischen dieser unbefangenen Offenheit und einer Verfassung, die getrübt wird von der Identifikation mit einer Befürchtung oder Hoffnung oder Meinung, wird immer feiner, vor allem im Alltag. Man erlebt auch immer mehr die Wirkung der eigenen Achtlosigkeit auf die Umgebung, man erlebt den Schmerz der Umgebung immer unmittelbarer mit, als habe man sich selbst verletzt. Und wenngleich die Wahrnehmung dieser Reibung die Identifikation immer mehr von selber aufhebt, so entzündet sich andererseits an solchem Mitschmerz immer neu ein tiefer innerer Wunsch nach Reinigung von Seele und Geist: »Täuschende Gedanken und Gefühle sind grenzenlos«, ich wünsche von Herzen, ihnen in meinem Denken und Handeln nicht zu erliegen.

M: *Das ist sinngemäß das zweite der vier großen Gelübde. Also die Verfangenheit, die Verstricktheit wird immer subtiler wahrnehmbar und will gereinigt werden. Und insofern ist der Reinigungsprozess dann niemals zu Ende, auch wenn einmal ganz grobe Klötze von einem abgefallen sind.*

S: Ja. Und in diesem Prozess kommt wieder ein spannendes Paradox zu Tage: Für den Herzgeist – ich nehme jetzt diesen klassischen Zen-Ausdruck, der den Geist bezeichnet, der mit seinem Fühlen das Eigentliche berührt –, also für den Herzgeist ergibt sich kein Widerspruch zwischen der Erfahrung, dass alles Da-Seiende, also auch die Unachtsamkeit, der vollkommene Ausdruck des *einen* Seins ist und dem Leiden an der Wirkung der eigenen Unachtsamkeit; kein Widerspruch zwischen der Erfahrung, dass dieses Leiden der vollkommene Ausdruck des *einen* Seins ist und dem Wunsch, sich von Unachtsamkeit immer mehr zu befreien; kein Widerspruch zwischen dem Erfahren, dass man ganz angekommen ist, und dem tief inneren Wunsch, immer weiter zu gehen.

Was dem Verstand nicht begreifbar ist, das ist unserem Herzgeist das Natürlichste der Welt. So wie ihm aus der

Erfahrung selbstverständlich ist, dass das schon immer vollkommen offenbarte und in sich ruhende, unwandelbare Sein sich gleichzeitig ständig neu offenbart in seinem Werden und Sich-Wandeln.

M: *Für mich ist es sehr stimmig so, dass das zueinander gehört, dass es da eine Dynamik gibt und keine fertige Endstation, sondern dass von diesem Geheimnis des Absoluten etwas Dynamisches ausgeht, das nicht ausgelotet werden kann.*
S: Sie erinnern sich an Meister Dogen: Auch wenn man von dem Ganzen durchdrungen ist, »hat man doch nur den Kopf durchs Tor gesteckt.« Und fühlt, dass es einen von innen – ich würde am liebsten sagen, von dem Ganzen her – immer weiter in die Vertiefung und Entwicklung zieht.

M: *Und wenn man diesem Ruf folgt – kann einen der nicht von den Aufgaben, die in der Welt zu erledigen sind, wegbringen? Dass man keine Herausforderungen mehr anpackt und nichts mehr unternimmt, nicht mehr wirksam wird in der Welt?*
S: Man könnte schon dem Missverständnis erliegen zu meinen, die Interessen, die einen von der Welt her anziehen, und die Aufgaben, die man in der Welt vorfindet, müssten erst der Arbeit an innerer Wandlung und Entwicklung geopfert werden. Ich möchte dazu eine Anekdote erzählen, die deutlich macht, dass der spirituelle Weg nicht im Gegensatz stehen muss zu dem natürlichen Entfaltungs- und Lernbedürfnis des Menschen. Es handelt sich um eine wahre Begebenheit: Ein betagter Zen-Meister, der sein Französisch aufbessern wollte, hatte sich allmorgendlich die Französischlektion am Radio angehört. Nun wurde er schwer krank und fuhr mit seinen Französischlektionen fort. Eines Tages sagte ihm der Arzt, dass er nur noch diesen Morgen zu leben habe. Der Zen-Meister schaute auf die Uhr und sah, dass es gerade Zeit war für die Französischlektion und stellte das Radio an. Man könnte meinen, dieser Meister sei auf sein Französisch so

fixiert gewesen, dass er den nahenden Tod übersah. Oder er sei auf den aktuellen Augenblick so fixiert gewesen, dass er die bedeutsame Zukunft nicht in den Blick nehmen wollte. Aber darum geht es nicht. Hätte er Kinder gehabt, hätte er sich sicher von denen verabschiedet und nicht sein Französisch weiter verfolgt. Die Szene zeigt nur, dass dieser Erleuchtete mit seinem Entwicklungsweg und mit seinem Tod so verbunden war, dass er mit allem, was auch immer er tat, in diesem Bezug stand, und dass er darum bis zur Schwelle des Todes frei war, mit dem Alltäglichen weiterzufahren, ob es sich um Französischunterricht oder Geschirrspülen handelte.

M: *Die Übung geht also ganz in das alltägliche Tun mit hinein. Und doch braucht es für diese Arbeit an der inneren Entwicklung die Sonderübung der Sitzmeditation. Eine halbe Stunde am Tag? Was meinen Sie?*
S: Ja. Wer die Übung der Stille für sich entdeckt hat, der sollte ihr eine bestimmte Zeit am Tag widmen, sonst kann die mit ihr beginnende Wirkung kaum in den Alltag hineingreifen. Wie lange und wie regelmäßig die Übung aussehen soll, ist eine Angelegenheit, die von persönlichen Faktoren abhängt. Aber eine halbe Stunde am Tag ist eine gute Zeit.

M: *Damit sind wir gleich bei der nächsten Frage: Soziales Engagement contra Meditationsübung. Wissen Sie, was ich meine?*
S: Oh ja. Ich erinnere mich gerade an die Begegnung – es ist lange her – mit einem jungen Lehrer der Schule unserer Kinder. Wir hatten zusammen in einem Gremium der Schule zu tun. Eines Tages, nach dem gegenseitigen »Guten Morgen«, kommt er unvermittelt mit der Frage heraus: »Ich habe gehört, dass Sie *Zazen*[20] üben.« Ich: »So ist es.« Er: »Heißt das, dass Sie jeden Morgen eine halbe Stunde in der Stille sitzen?« »Ja.« Pause. Dann interessiert es mich doch, und so frage nun ich: »Was bringt Sie dazu, mich danach zu fragen?«, und er

antwortet unverblümt: »Jemand mit einem sozialen Verantwortungsgefühl kann sich doch so etwas nicht leisten. Wenn ich denke, was für Aufgaben auf mich warten Tag für Tag, dann wäre das doch purer Egoismus, sich da in eine Ecke zu setzen und seine Stille zu genießen. Ich könnte mir das nicht leisten von meinem sozialen Gewissen her!« Ich darauf nicht minder unverblümt – es ist lange her –: »Aha, so ist das für Sie. Und ich kann es mir von meinem sozialen Gewissen her nicht leisten, ohne diese halbe Stunde der Stille an meine Aufgaben und in Begegnungen zu gehen!«

M: *Aber was ist das richtige Maß an Sonderübung, mit der man sich auf die Stille ausrichtet, um dann in den Alltag zu gehen?*

S: Dazu möchte ich zwei Aspekte nennen. Der eine ist: Wenn ich warten wollte, bis ich mich gereinigt genug fühle, um meiner sozialen Aufgabe nachzukommen oder einfach, um in der Welt tätig zu sein und mich den Mitmenschen zuzumuten, dann müsste ich vielleicht noch ein paar Jahrhunderte auf meinem Kissen sitzen bleiben und warten. Ich halte einen Kompromiss für angebracht. Der zweite Aspekt: Wenn jemand sein Leben lang in seiner Hütte einsam übt, nicht um der Welt zu entfliehen, sondern weil es für ihn so stimmt, was kein anderer Mensch beurteilen kann, so wird das Wirken seines Übens in der Abgeschiedenheit doch alle Welt erreichen. Damit ist der halben Stunde am Morgen auch noch eine andere Bedeutung gegeben: nicht nur, dass sie sich auf die Qualität unseres Tuns und Lassens auswirkt und damit der Umgebung dient; sondern sie hat in sich selbst eine Wirkung über den Ort des Geschehens hinaus.

M: *Diese Einsichten werden heute auch von manchen Naturwissenschaftlern vorgebracht, dass wir in einem subtilen Netz wechselseitiger Wirkeinflüsse miteinander verwoben sind; in diesem Sinn meinen Sie, dass die Übung nicht nur für einen selbst ist, sondern in die Umwelt wirkt?*

S: Ja, für Willigis Jäger[21], meinen Lehrer, ist das auch ein entscheidender Gedanke. Und so kommen wir wieder auf das erste der vier großen Gelübde zurück: »Die Lebewesen sind zahllos« – ich möchte mit meinem Üben und Erkennen dazu beitragen, dass wir alle zum Erwachen kommen. So verstehe ich es. Jedes Üben impulsiert das Üben jedes anderen Übenden. Das letzte Gelübde übrigens sagt zu diesem Zusammenhang: »Der Weg des Erwachens ist unübertroffen. Ich gelobe ihn ganz zu gehen.« Ich folge dem inneren Ruf und setze mein Üben daran, um immer mehr zu der Wirklichkeit zu erwachen, die, wie ich erfahren habe oder ahne, meinem Leben Seins-Sinn gibt, und die mich, wie ich erfahren habe oder ahne, in die Beziehung bringt, die uns von unserem Ursprung her in jedem Augenblick verbindet. Ich möchte diesen Weg *ganz* gehen – ohne Ende; *ganz* gehen – gerade jetzt. Gerade jetzt: *ganz da sein* – wie? Wie sollte ich anders können, als jetzt ganz da zu sein, gerade so! Oh dieses Erkennen, dass man den Weg gar nicht verpassen kann! So verstehe ich es.

M: *Sie haben schon vom ersten und zweiten und gerade vom vierten Gelübde gesprochen. Wie lautet das dritte?*
S: »Die Tore der Wahrheit sind unzählbar; ich gelobe, sie alle zu durchschreiten.«

Die Tore, zur Wesenswahrheit zu erwachen, entstehen ohne Unterlass: jetzt – jetzt – jetzt. Wer das erfahren hat oder ahnt, findet seine Entschlossenheit zum Sich-Öffnen in diesem Gelübde-Satz wieder.

M: *Entschlossenheit –*
S: Entschlossenheit, die täuschenden Gedanken und Gefühle zu lassen, um das Tor des Jetzt zu erkennen. Eigentlich genügt es, einen einzigen täuschenden Gedanken zu lassen: den Gedanken, dass gerade jetzt irgendetwas anders sein müsste als es ist. Diesen täuschenden Gedanken zu lassen mitsamt dem traurigen Gefühl, dass diesem bedingten Au-

genblick etwas fehle. Diesen täuschenden Gedanken zu lassen mitsamt der Meinung, dass man dem Jetzt etwas hinzufügen sollte und könnte. Man vergisst in der Täuschung, dass diese Allgegenwart vollkommen eins ist mit jeder Erscheinung der Welt, immer mit gerade »dieser da«.

M: *Das bringt mich noch einmal auf die Amsel zurück, die in unserem Eingangsbeispiel »dieses da« war. Es ist deutlich geworden, dass es sich nicht um einen besonderen Anlass handeln muss, wenn sich ein Tor des Erwachens auftut. Aber ist es nicht so, dass viele Menschen über ein »Tor« in der Natur zum Erwachen kommen?*

S: Ja, das stimmt. Es ist offenbar so, dass naturhaftes Dasein in seiner Seins-Schönheit uns eher an unsere eigene vollkommene Wesensnatur erinnert als ein Mülleimer. So ist auch verständlich, dass viele Menschen sich in den Bergen oder in einem Wald oder an einem See mehr als irgend sonst im Alltag angeschlossen fühlen an etwas, was sie nicht benennen können, und was sie als tief heilend empfinden, auch wenn sich damit nicht ein Erwachen im spirituellen Sinn verbindet. Und interessant ist, dass abgesehen von Erscheinungen der Natur, die Begegnung mit einem Kunstwerk für viele Menschen zum Tor werden kann. Das hat sicher damit zu tun, dass jeder wahre Künstler letztlich den Versuch macht, dem Nichtsichtbaren und Nichthörbaren Gestalt zu geben, ob er Bilder oder Töne schafft, sodass diese Werke in besonderer Weise von ihrer Natur her einen »Torcharakter« haben. Aber das Tor kann auch ein Mülleimer sein, irgendetwas Banales, falls es etwas Banales gibt, und vor allem kann es auch – vielleicht überrascht das manchen – etwas Grauenhaftes sein, sodass ein Mensch nicht im Entzücken über etwas ohnehin Gefälliges zu seiner Wesensnatur findet, sondern im Entsetzen über Unerträgliches. Als ob all seine Vorstellungen und Konzepte zusammenbrächen an der Grenze der Überforderung, und das Schreckliche ihn über eine Schwelle trägt in die Erfahrung des Unbedingten seiner selbst. Ich denke an einen Arzt, der Jahre lang seine Stille-Übung pflegte und gar nicht daran dachte, ein Tor zu finden. Eines Tages wird er in eine Wohnung gerufen, um einen Totenschein auszustellen und zwar für eine Leiche, die da schon ein paar Wochen lag. Beim Betreten des Zimmers dachte er, dass er nicht einen Augenblick bleiben könne, schon wegen des betäubenden Geruchs. Und beim Anblick des verwesenden Toten meinte er, in Ohnmacht zu fallen. Es war zu widerlich und ekelhaft. »Nur hinaus!«, sagte es in ihm, indem er sich abwandte, »nur hinaus!« Aber das Arztpflichtgefühl hielt ihn zurück. Er biss auf die Zähne und gab sich einen Ruck und wandte sich der Leiche wieder zu, wandte sich ihr ganz und gar zu. Und dann geschah es, dass das Bild des Toten ihn anzuschauen schien, nicht als eine Person, sondern als schaue das Leben selbst aus dieser schrecklichen Gestalt. Der ganze Raum war auf einmal erfüllt vom Antlitz einer Gegenwart, die mit Leben und Tod nichts zu tun hatte. Nicht, dass die Züge des Verstorbenen sich plötzlich verändert hätten. Nein, es war keine optische Erscheinung. Es war alles so, wie es war, scheußlich; und es war gleichzeitig über alle Maßen und Grenzen vollkommen, wie ein Wunder, wunder-bar. Danach sagte der Arzt: »Jetzt weiß ich, dass es Tod nicht gibt, der Tote hat es mir gezeigt. Jetzt weiß ich: das Unsterbliche drückt sich selbst – auch im Sterben und Verwesen – aus, so wie es sich offenbart im Geborenwerden und Wachsen.«

So kann es geschehen, dass auch ein Entsetzen alle Kategorien des wertenden Schauens und Fühlens wegfegen kann, sodass der Betroffene vollkommen leer wird von irgendeinem Gedanken oder Wollen oder Fürchten; und in solcher Offenheit ergriffen wird vom Mysterium der Gegenwärtigkeit, die immer alle Räume erfüllt. Sie weht, wo unser Herzgeist erwacht.

M: *Dennoch werden manche Orte und Situationen in besonderer Weise einen »Torcharakter« haben: die Atmosphäre eines Ortes, an dem*

Menschen auf der Suche sind nach dem Erkennen der Wesensnatur oder auch Begegnungen mit einem Lehrer oder Meister in dieser Sache.
S: Eine besondere Ausstrahlung und öffnende Wirkung hat in der Tat jeder Raum, in dem Menschen zu einer inneren Sammlung zusammenkommen. Und die Zen-Literatur spricht in unzähligen Szenen von den »Tor-Begegnungen«, an denen wir uns ein Beispiel nehmen können, wir Lehrenden und wir Übenden. Ich denke an die *Koan*-Geschichten[22], die meist davon handeln, dass ein Schüler in einer Gesprächsbegegnung mit seinem Meister erwacht.

M: *Was ist dabei genau der Auslöser?*
S: Ja, woran ist einer erwacht, der seinen Meister fragte: »Was ist Buddha?«, und zur Antwort bekommt: »Masagin«, was soviel heißt wie »drei Pfund Hanf«[23]?

Das klingt nicht so außerordentlich, dass man daran erwachen müsste, nicht wahr? Es sei denn, die eigene Frage komme aus einer wirklichen, unbefangenen Offenheit. Das darf man annehmen, dass der Mönch seine Frage nicht intellektuell meint, sondern dass er mit ihr eigentlich um einen Hinweis bittet, der ihm zum Tor des Erwachens werden könnte. »Was ist Buddha?« heißt so viel wie: Was ist diese absolute Präsenz, die meine eigene Wesensnatur sein soll? Wie kann ich sie erfahren? Der Begriff »Buddha« hat ja viele Bedeutungen, aber in diesem Zusammenhang ist die wichtigste, dass »Buddha« ein Name ist für die Dimension des Absoluten, die der Fragende zu erfahren sucht.

»Masagin! Drei Pfund Hanf!« sagt Meister Tozan. Vielleicht hat er gerade Hanf abgewogen: drei Pfund waren es. Das also ist die Antwort eines Erfahrenen; es ist die Antwort, die aus der unmittelbaren Gegenwarts-Erfahrung kommt, aus dem Kontakt mit dem Absoluten, nach dem gefragt wird, und das sich gerade in der Weise ereignet, wie die Szene es berichtet. »Die Amsel!« hätte Meister Tozan auch sagen können, wenn sie dort auf dem Ast gesessen hätte. In diesem Sinn ist nicht wichtig, dass da Hanf gewogen wird. Der Ausruf würde genügen. Man müsste nicht einmal verstehen, was er bedeutet. So wird dem, dessen Ohren konzeptleer sind, vielleicht gerade der fremd klingende Laut »Masagin« zum Tor. Und natürlich darf man nicht vergessen, dass Tozan selbst aus konzeptfreiem Geist antwortet. Durch seine Offenheit hindurch antwortet die Leerheit selbst. Oder anders gesagt: Sein eigenes Erfahren erreicht über die Antwort den Fragenden und vermag, gegebenenfalls, diesen zu dessen eigener Erfahrung zu wecken. So also »rettet« Meister Tozan ein Lebewesen – oder tausende Lebewesen, die je von der Geschichte hören und so offen sind wie der fragende Mönch.

M: *Sodass diese heilende, rettende Wirklichkeit immer mehr zum Durchbruch kommt und dadurch Heilsames geschieht.*

S: Ja. Und Meister Tozan steht in ihrem Dienst. Er hat keinen Missionsdrang und keine Retterabsicht, aber er vernimmt die Not in der Frage des Schülers und kann gar nicht anders, als ihm eine möglichst hilfreiche Antwort zu geben. Je seliger die Erfahrung einen macht, umso mehr leidet man mit an der Not derer, die ihr Schicksal nicht im Lichte des sich ständig inkarnierenden Seins erleben. Und so ergeben sich die Situationen von selbst, in denen ein Impuls zum anderen hin geschehen will.

M: *Anekdoten solcher Schüler-Meister-Begegnungen dienen in der Übungspraxis auch als Koans, mit denen man das eigene Erkennen vertiefen kann. Können Sie dafür noch ein Beispiel geben?*

S: Meister Unmon sagte einmal zu der Versammlung seiner Mönche: »Die Welt ist unermesslich weit wie dies. Warum legen wir beim Ertönen der Glocke unser siebenstreifiges Gewand an?«[24]

Mit diesen beiden Sätzen wirft Unmon mit dem Rettenden um sich. Nehmen wir zunächst den ersten Satz. Vielleicht sagt er einem zunächst gar nichts, vor allem, wenn man sich dabei sofort mit Assoziationen füllt und mit dem, was man auch schon gehört und gedacht hat: »Oh ja, die Welt, natürlich, das Universum, man weiß ja gar nicht, wo es aufhört.« So ist dieser Satz nichts weiter als eine weitere Banalität. Wenn man dann zweifelt, ob das alles ist, was gemeint sein könnte, und diesen Satz nicht als eine These nimmt, der man zu- oder gegenstimmen könnte, auch nicht als ein Bild, das man betrachten könnte, sondern als einen Impuls, der in einem wirken kann, wenn man alle gescheiten Gedanken und schönen Vorstellungen und interessanten Assoziationen fallen lässt und sich selbst in ihn hineinschweigen lässt, dann kann es sein, dass in einem Weite aufgeht, die nichts zu tun hat mit der äußeren Welt, dass in einem die Weite der nichtfassbaren Wirklichkeitswelt aufgeht, die kein Innen und Außen hat. Dann gibt dieser Satz allen Wahrnehmungskonturen eine Durchsichtigkeit, sodass sich das Unermessliche in ihnen zeigt. Dann hört man auch, dass Unmon von einem selber spricht. Er könnte auch sagen: »Du bist unermesslich weit wie dies.« Wie was? Wie das: »Warum ziehen wir beim Ertönen der Glocke unser siebenstreifiges Gewand an?« Das siebenstreifige Gewand war ein siebenbahniger Überwurf, den man anzog für die Tageszeremonien. Beim Arbeiten hatte man ein fünfstreifiges Gewand an. Auf unseren Alltag übertragen könnte man sagen: »Warum stehen wir beim Läuten des Weckers auf?« Wiederum geht es darum, dass man die Erfahrungsebene nicht gleich zuschüttet mit der schon bereiten Antwort, die immer mit »weil« beginnt – »weil wir zur Arbeit gehen müssen.« Diese stupiden Antworten, mit denen wir hundertmal am Tag an den Toren von Fragen vorbeigehen!

Wir könnten also anstatt dessen einfach in die Frage hineinschauen oder sie mit uns mitgehen lassen, ohne eine Antwort zu suchen; diese Frage, die zu jeder Situation sagen könnte: Warum sind wir so eingebunden in diese Bedingtheiten, in diese Unausweichlichkeiten, in diesen engen Alltag? Wo doch die Wesenswirklichkeit unermesslich weit ist! Manchmal suchen wir anstatt des Tores zum Erwachen die Hintertüre: probieren, Grenzen etwas hinauszuschieben; der Mönch könnte ja auch einmal das Gewand nicht wechseln, um sich dann weit und großartig frei zu fühlen!

Ich sage nicht, dass es nicht sinnvoll sei, sich für vernünftige Arbeitsbedingungen einzusetzen, aber wenn wir verbesserte Bedingungen mit der Weite und Freiheit verwechseln, bleiben wir in dem frustrierenden Rennen nach Ersatz für das, was so nicht zu erreichen ist, weil es schon unsere Wesensnatur ist. Diese ist eben in ihrer Unbedingtheit nicht jenseits der Bedingtheit, nicht getrennt von unseren körperlichen und seelischen und geistigen und alltäglichen Grenzen und Einschränkungen. Wo ist sie, die unermessliche Weite? Da! Da gibt sie sich gerade in das Faktum, dass wir beim Läuten des Weckers aufstehen.

Aber das ist schon wieder ein abstrakter Gedanke. Die Wirklichkeit findet sich dort, wo man in sein Aufstehen hineinschaut ohne alles Begreifen-Wollen, wo man in das Jetzt hineinschaut, in das, was man gerade ohnehin tut, als gäbe es nichts anderes als dies. Die Wirklichkeit findet sich dort, wo man sein dualistisches Konzept in das Aufstehen hinein vergisst, wo man sich selbst in das Aufstehen hineinvergisst, wo man einfach aufsteht, wenn der Wecker läutet. In solchem puren Tun findet sich, was Unmon sagt: Die Welt ist unermesslich weit – wie dies; wie dies, dass wir beim Ertönen der Glocke unser siebenstreifiges Gewand anziehen. So ist jedes alltägliche »Wenn, dann« wie ein Spiegel für das große »Wenn, dann«: Wenn Weite, dann Bedingtheit. Wenn Leere, dann Form. Mancher würde hinzufügen: Wenn Schöpfer, dann Schöpfung. Das große »Wenn, dann«, das sind wir. Es gibt gar nichts anderes als Offenbarung. Wenn Sein, dann Offenbarung. Wenn Sein, dann mein Dasein. Das ist der höchste Sinn meines Daseins, dass es dem Sein dient, in dem dieses sich so offenbart, gerade jetzt. Wie ein Wunder – wunderbar. Gerade erinnere ich einen Satz von Willigis Jäger und empfinde in diesem Erinnern dankbar den Impuls, den er meinem Üben gegeben hat. Er sagte: »Wir sind da, um ganz Mensch zu sein. In dieser unserer menschlichen Gestalt möchte sich diese hintergründige Wirklichkeit zu dieser Zeit und an diesem Ort ausdrücken.« Soweit das Zitat.

Eine andere Sache ist, was mit einem *Koan* weiter geschieht, wenn ein Schüler dieses als eine Aufgabe von seinem Lehrer bekommen hat. Darauf möchte ich hier nicht eingehen.

M: *Der Impuls, der von diesem Koan ausgeht, ist auch der, dass sich dieses Unendliche hineinstülpt in das Normale, Konkrete. Es wurde schon eingangs zum Thema Erleuchtung gesagt, dass die Erfahrung von weiter und dichter Stille das eine ist. Und wenn sich diese Weite hineinstülpt in die gewöhnliche konkrete Welt – dass das noch einmal ein weiterer Schritt ist, als nur Stille zu haben.*

S: Manchmal findet sich das Tor zu solcher Erfahrung gerade am Ende einer Stille-Übungszeit, wenn die Klangschale klingt und man aus der unermesslich weiten Unbewegtheit heraus die Beine streckt und aufsteht. Es ist, als strecke die Weite selbst ihre Beine und richte sich auf. So wie die Weite selbst beim Läuten des Glockenklangs das Gewand anzieht. So wie niemand anderer als der unermessliche Horizont aufsteht, wenn der Wecker läutet. Wenn diese Erfahrung den Alltag mehr durchziehen würde, dann fiele einiger Widerstand von uns ab. Denn dann sind wir frei auch in dem, was wir tun müssen, frei von unbewusstem Widerstand, und damit werden paradoxerweise die Kräfte, die in diesen Widerstand geflossen sind, frei dafür zu verändern, was verändert oder neu geschaffen werden will. Denn das Erfahren des Sinns nimmt nichts von der Fähigkeit, den konkreten Alltag zu planen und zu verändern nach seiner Zweckhaftigkeit. Dieser Sinn durchdringt allen Zweck, dem unser Planen auf bedingter Ebene folgt. Die Zweckziele werden sich allerdings hier und dort aus neuen Kriterien neu bilden.

Jetzt-da-Sein

Wirkung und Übung im Alltag

M: *Wir haben uns im vorausgehenden Kapitel um ein Verständnis von Erleuchtung oder Erwachen bemüht. Es wurden einige Differenzierungen getroffen und unterschiedliche Aspekte beziehungsweise Erscheinungsformen dieser Erfahrung benannt. Es wurde auch schon gesagt, dass die Übung letztlich auf das normale Alltagsleben zielt. Schauen wir deshalb noch einmal genauer auf den Alltag. Üben im Alltag – wie kann man sich das vorstellen?*

S: Bei Ihrer Frage kommt mir gerade ein Ausspruch von Meister Nansen in den Sinn: »Der alltägliche Geist ist der Weg.«[25] Ich erlaube mir, diesen Ausspruch herauszunehmen aus dem Gesprächskontext, in dem er geäußert wurde, denn es würde im Rahmen dieses Buches zu weit führen, das gesamte *Mondo*[26] in seiner Vielschichtigkeit zu betrachten.

»Der alltägliche Geist ist der Weg«. Mit diesem Satz antwortet Nansen zwar nicht auf genau Ihre Formulierung, aber auf den Kern Ihrer Frage. Nansens Antwort bezieht sich auf die Frage: »Was ist der Weg?« Nicht ein Neuling stellte ihm diese Frage, sondern der berühmte Meister Joshu, Schüler von Nansen, zu jener Zeit längst ein Erwachter. Joshu kommt zu dieser Frage aus seiner großen Bescheidenheit und in der Bereitschaft, durch Nansens Antwort seine Sicht noch einmal zu vertiefen. Wenn wir die Frage nach dem Weg für sich nehmen, so kann sie, abgeleitet von den Bedeutungen des chinesischen Schriftzeichens *Tao*, in drei Richtungen gehen:

1. Was ist der Weg, der auf die Erfahrung der Wesenswirklichkeit hinzielt? Was ist der Weg, der auf den Berggipfel führt? Wie daraufhin üben, auf dem Sitzkissen und im Alltag?

2. Was ist der Weg, der von der Erleuchtung in die Integration im Alltag führt? Vom Berggipfel zurück ins Tal? Wie daran üben im Alltag?

3. Was ist die Wesenswirklichkeit selbst, von deren Erahnen aus wir Menschen einen Weg suchen, der uns zu ihrer Erfahrung führen soll und damit zur Wandlung unserer selbst, und somit zur Wandlung unseres Alltags und unseres Wirkens in der Welt?

Und nun Nansens Antwort, die mit einem einzigen Satz »die drei Fliegen gleich mit einer Klappe schlägt« und so auch den Kern Ihrer Eingangsfrage trifft: »Der alltägliche Geist ist der Weg.« Man könnte in dieser Aussage den vielleicht banalen und doch wichtigen Hinweis sehen, dass unsere Stille-Übung auf diese und jene Weise im Alltag eine Fortsetzung finden soll, die sowohl weiter bergaufwärts als auch bergabwärts führt, d.h. die uns sowohl dem Erwachen näher bringt als uns auch hilft, das im Erwachen Erkannte in den Alltag hineinwirken zu lassen.

M: *Sie sprechen jetzt die Übungsebene an.*

S: Ich möchte doch zuerst auf das Wesentliche schauen, das Nansen vertritt, bevor wir zu den möglichen Übungsaspekten kommen und dabei vor lauter Fragen nach der Übung das Wesentliche aus den Augen verlieren. Nansen spricht nämlich nicht vom Alltag als einem Übungsfeld, sondern er sagt auf alle drei Fragen zusammen etwas ganz Einfaches, und dies ist gerade das Herausfordernde: »Der alltägliche Geist *ist* der Weg«. »*Ist*«, sagt er. Auf die dritte Frage bezogen, auf die Frage nach der absoluten Wirklichkeit heißt das: Diese absolute Wirklichkeit *ist* um keine Spur getrennt von dem alltäglichen Geist, mit dem wir unseren Alltag gestalten und erleben. Das Wesentliche geschieht bereits, indem wir aufstehen, wenn der Wecker läutet. Erinnern Sie sich an Meister Unmon? »Die Welt ist unermesslich weit wie dies.« Das *ist* das Wesentliche, was zum Alltag zu sagen ist. Aber auch zur ersten und zweiten Frage sagt Nansen mit dem *einen* Satz seine Sicht: Unser Treppauf- und Treppab-Gehen, unser Uns-Freuen und Uns-Ärgern, das ist bereits der Übungsweg, bergauf und bergab, zur Erfahrung hin und von der Erfahrung her. Vielleicht erinnern Sie sich an die berühmte Stelle im Shodoka[27]: »Gehen ist Zen, Sitzen ist Zen«. Wir müssen nichts hinzufügen, damit aus dem Alltag unser Übungsweg wird. Die Treppe hinaufgehen *ist* der Zen-Weg, man muss kein Zen dazu tun.

M: *Jemand könnte hier einwenden, dass dann ja alles alltägliche Tun Zen wäre, ob ein Erleuchteter die Treppe hinaufgeht oder einer, der übt oder einer, der noch nie etwas von Zen oder dieser Art Übung gehört hat. Wie würden Sie den Unterschied erklären?*

S: Der Unterschied ist, dass der Erwachte aus seiner Erfahrung darum weiß, der andere nicht. Und wenn man die Sache unter dem Aspekt des Übens sieht, dann ist der Unterschied auch, dass für den Zen-Erfahrenen und für den Zen-Übenden das Wahrnehmen des Gehens eine Übungssituation darstellt und für den »Nachbarn« nicht.

M: *Die Übung braucht – wie Sie sagen – Fortsetzung in den Alltag hinein, sowohl auf das Erkennen hin als auch zur Integration in den Alltag hinein.*

S: Und ich möchte die Fragen der Integration in den Alltag eben nicht trennen von dem allgemeinen Thema des Weiterübens. Sonst tragen wir zu dem Missverständnis bei, man habe in seiner Stille-Übung etwas erreicht, was nun im Alltag anzuwenden sei. Und anstatt im Alltag einfach weiter zu üben, sucht man dann für diese Anwendung ein Rezept. Damit verrät man das möglicherweise Erfahrene und fällt in die alte zweck-pragmatische Denkweise zurück. Etwas, was in der Stille erfahren wurde, kann man nicht anwenden. Es wirkt von selbst in all unser weiteres Tun hinein. Genauso wie die Stille-Übung an sich in den Alltag wirkt, und zwar umso mehr, als man genau diesem Phänomen vertraut. Das Paradoxe an der Sache ist ja, dass die Übung der Stille das Jetzt-da-Sein zum Ziel hat; sie zielt nur auf *Jetzt*. Jeder Gedanke an eine Wirkung für das Morgen macht die Übung zunichte. Und gleichzeitig wirkt sie genau mit dieser Jetzt-Bezogenheit auf Morgen, denn, was wir im Morgen brauchen, das ist Jetzt-Dasein! Mit solcher Wachheit für das Jetzt ist dann allerdings auch eine besondere Sensibilität verbunden für die Diskrepanz und Reibung zwischen dem, was sich durch die Stille-Übung an Sicht verändert, und dem, wie alte ichbezogene Muster einen doch immer wieder dirigieren wollen.

M: *Jetzt wurde schon etwas Wichtiges gesagt, dass die Stille-Übung und das in ihr Erfahrene von selbst in den Alltag wirkt. Damit betonen Sie, dass diese Sonderübung, das Sitzen in der Stille, eine wichtige Bedeutung hat. Und zudem verstehe ich Sie so, dass es nicht darum geht, meditative Zustände in den Alltag hinüberretten zu wollen? Dass es nicht darum geht, sich mit Erfahrungen aus der Sitzübung zu wappnen, sondern sich ganz offen und unverstellt auf den Alltag einzulassen.*

S: Ja, wenn ich zurückschaue auf Ihre Eingangsfrage, die ja die prinzipielle Frage dieses Kapitels ist, dann denke ich, dass das Üben im Alltag ohne eine Sonderübung, in der es um nichts anderes geht als um Ganz-Dasein, kaum zu bewerkstelligen ist. Die dabei entstehende Verfassung einer offenen Präsenz aber hinüberretten zu wollen, macht diese Offenheit natürlich gerade schon zunichte und hat meist nur die Enttäuschung zur Folge darüber, dass man gleich nach dem Aufstehen stolpert, sei es über die Türschwelle oder über die nächste Begegnung. Anstatt die Übung wirken zu lassen, nimmt man einen Vorsatz und verkünstelt sich damit und ist frustriert, dass es mit einem doch gerade so kommt, wie man meint, dass es jetzt nicht mehr sein dürfte! Wir haben das im vorigen Kapitel ja schon angesprochen.

Ich erinnere mich, wie ich einmal von einem *Sesshin*[28] nach Hause gefahren bin und mich während der ganzen Zugfahrt in einer selbstverständlichen Präsenz fühlte, und wie ich dann ganz achtsam aus dem Zug steigen wollte, um nichts davon zu verlieren, und wie ich beim Aussteigen gleich die dummerweise offene Reisetasche fallen ließ und erst beim letzten Stück Seife, das ich auf den Knien vom Bahnsteig aufsammelte, die Lektion verstand und ein bisschen lächeln konnte. Schmerzlicher ist es, wenn einem im krampfhaften Bewahren der »offenen« Haltung und der Erinnerung an Einssein der Nachbar doch wieder oder mehr denn je auf die Nerven geht. Es ist, als vergehe man sich so nicht nur gegen den Nachbarn, sondern gegen die eigene tiefere Erfahrung. Das eigentliche »Vergehen« – wenn man so will – liegt aber in der Absicht, die Erfahrung festhalten zu wollen.

M: *Sie haben eingangs deutlich gemacht, dass der Alltag so, wie er gerade ist, schon die Offenbarung des Absoluten ist. Und zugleich braucht es aber einen Weg, sich für dieses Erkennen zu öffnen. Mit welchen Schritten kann man sich auf den Weg machen?*
S: Wie sich mitten im Alltag auf den Weg machen zum Erfahren, dass dieses, was wir gerade ohnehin tun und was gerade ohnehin geschieht, schon der Weg ist? Es geht zunächst immer darum, sich aus dem Alltagsautomatismus herauszurufen, aus der automatischen Bewegung, aus dem automatischen Gefühlsmechanismus, aus den automatischen Gedanken.

Eine Möglichkeit ist, Unterbrechungen einzubauen in den Alltag. Sich Momente zu gönnen oder eher sich abzufordern, in denen man innehält für ein paar Atemzüge oder Minuten, einfach stehen bleibt, unbewegt, ganz und gar unbewegt. Nichts tut. Vielleicht hat man den Besen in der Hand, mit dem man gerade beim Kehren war. Manch einem kommt es dann künstlich vor, die ersten Male, sich so unvermittelt zu unterbrechen und mit dem Besen still zu stehen. Das macht nichts. Beim zehnten Mal ist es anders. Manch einem und manch einer dämmert in diesem leeren Da-Stehen, dass *er* oder *sie* es ist, der oder die da steht. Als sei man davor gar nicht vorgekommen, obwohl man emsig Blätter kehrte. Jetzt, wo nichts los ist, jetzt komme ich hervor, die Unbewegtheit und das »Nichts-als-Das« lässt mich zu mir kommen. – Vielleicht ist es auch einfach still, obwohl es in den Bäumen rauscht oder Motorgeräusche dröhnen. Still bis in die Knochen. – Vielleicht ist es, als fielen Blätter von einem selber ab. Bis man da steht – ohne Gedanken, ohne Gefühle, ohne besondere Wahrnehmung, wach und offen und – ohne etwas dazu. Gar – wie ohne sich. Leeres Da-Stehen. Und während der Besen dann wieder die Blätter erwischt und wegfegt, versteht man Meister Nansen: »Der alltägliche Geist ist der Weg.« Blätter weg, Blätter weg! Also das ist eine radikale Möglichkeit: dieses Innehalten für einen Augenblick von Leerheit. Das ist die wirksamste, dichteste Übung.

M: *Wenn einen aber dieses unmittelbare Innehalten und Gewahrsein zunächst überfordert?*

S: Wenn man sich überfordert fühlt, dann kann man die Übung wiederholen und wiederholen. Aber bevor man aufgibt, könnte einem helfen, sich selbst einen Impuls in das Innehalten zu geben, etwas, woran man sich zunächst halten kann. So kann man in dem Stillstehen schauen, ob es möglich ist, den Kontakt der Füße zum Boden wahrzunehmen und damit die Verbundenheit zum Grund. Vielleicht nimmt man sein Stehen wie von innen her wahr, nimmt wahr, wie man diese Stehform mit sich ausfüllt. – Und man kann schauen, ob es möglich ist, die Beziehung zum Raum um einen herum wahrzunehmen und damit die Verbundenheit zur Weite. Vielleicht nimmt man dabei auch den Bezug zur Mauer hier und zu den Bäumen dort wahr. Und nimmt *sich* wahr in Verbundenheit mit den Blättern, die gerade die Kehrpause nützen und lustig davonhüpfen. Weiterkehren! Man kehrt weiter, so wie eben, und es mag doch anders sein. Mit der Zeit fallen diese Impulse weg, und es genügt einem, diese Leer-Stille aufzusuchen, in der man von selbst vollkommen verbunden ist mit Blatt und Baum.

M: *Und davon ausgehend ist das weitere Tun wieder richtig eingebettet, es geschieht, ohne dass es die Leerheit stört?*
S: Das weiß ich nicht, wie es davon ausgehend ist – für Sie und *den* oder *die*! Aber die Erfahrung zeigt, dass das Tun sich durch solche Momente so ganz allmählich verändern kann, vor allem, wenn man sich nicht mit der Absicht bedrängt, Leer-Stille halten zu wollen. Je selbstleerer man wird, umso eher nimmt man diese pure Anwesenheit wahr, die wischt und die als Blatt wegfliegt. Zunächst vielleicht nur für Sekunden, dann kann es mehr und öfter geschehen, dass die Leerheit den Augenblick voll zu machen scheint, dass sie ihn *vollständig* macht. Und dass dieses »Ohne-mich« einen ganz da sein macht. Und bis zu solcher Erfahrung hin gibt es unzählige Abstufungen in der Ahnung und Wirkung. Meist geht von dem Innehalten jedenfalls für eine Weile eine Art Stille mit einem mit, mehr noch, ein deutlicher Frieden.

M: *Übungsimpulse für den Alltag können hilfreich sein, können sie den Blick auf das Wesentliche auch verstellen?*
S: Man muss nur wissen, dass man mit solchen differenzierten Übungsimpulsen immer auch Gefahr läuft, bei Empfindungen und Wahrnehmungen hängen zu bleiben und das damit verbundene Erleben schon für Erleuchtung zu halten. Erleuchtung hat aber – ich erinnere an die Kriterien[29] – immer damit zu tun, dass das Erfahren vollkommen unabhängig ist von Empfindungs- und Gefühlsqualitäten und ihren möglichen Bedeutungen. Dennoch ist ein Impuls zur sinnlichen Wahrnehmung unserer konkreten Beziehung zur Umgebung ein wirksamer erster Schritt, um uns aus zwanghafter gedanklicher Beschäftigung und damit aus dieser Art von Isolation zu befreien. Das Spüren des Realkontaktes zum Boden bringt uns generell in den Kontakt mit Realität – was ja an sich schon überaus wertvoll ist –, und dieser Realkontakt kann wiederum zur Brücke werden für die Erfahrung des eigentlichen und unbeschreibbaren Jetzt. Das

Empfinden des Bezuges zum Raum um uns herum weckt die Sensibilität für die Wirklichkeit unserer Verbundenheit, die dann auch einmal Brücke werden kann zur Erfahrung unseres Einsseins, das seinerseits nicht gebunden ist an sinnliches Wahrnehmen.

M: *Man könnte vielleicht auch die Befürchtung haben, dass das Hinspüren auf die Füße und den Boden einen ablenkt von dem, was man gerade tut?*
S: Die Befürchtung ist verständlich, aber das Ausprobieren wird zeigen, dass dem nicht so ist. Die Wirkung dieses Hinspürens schließt sich ganz natürlich an das Erleben der Alltagssituation an, die dadurch »Boden« bekommt, ohne dass man dann ständig wieder an die Füße denken müsste. Es kann bis dahin gehen, dass man »mit den Füßen« zuhört.

M: *Arbeiten Sie mit einem bestimmten Ablauf von Übungsimpulsen, die Sie für den Alltag geben?*
S: Ich möchte keine Systematik hineinbringen, damit es nicht so aussieht, als könne man mit solchen Impulsen, die sich bei jedem Übenden ohnehin ganz unterschiedlich auswirken, eine Leiter hinaufklettern bis zum Gipfel der Alltagserleuchtung, in welcher Leersein oder Einssein einem das Blätterfegen oder Geschirrspülen abnehmen. Nein, ich möchte solche Impulse nur verstanden wissen im Sinne eines Mittels, mit dem man dem Bedürfnis folgen kann, dem, was der Alltag mit einem meint, näher zu kommen. Ich möchte auch klarstellen, dass diese Übungsansätze sich, zunächst jedenfalls, nur bei einem relativ einfachen Tun realisieren lassen, das nicht mit einer vielschichtigen Gedankenarbeit verbunden ist, wenngleich man das Üben letztlich auch in den Akt des Denkens führen kann und somit erfährt: Auch Denken ist Zen. Am leichtesten wird man in der körperlichen Arbeit oder auch im einfachen Gehen die Chance finden, das Tun mit dem inneren Üben zu verbinden.

M: *Verbinden – auf welche Weise?*
S: Der einfachste Hinweis ist, eine Achtsamkeit mitzunehmen für das, was wir tun und von uns geben, vor allem aber auch für das, was wir aufnehmen, was wir sehen und hören und miterleben. Ich meine damit ein Schauen, das nicht etwas Besonderes sehen will, das vor allem nicht kontrollieren will, das nicht einmal beobachten will, ein pures Schauen.

M: *Bleiben wir erst noch einmal beim Schauen auf das eigene Tun. Das Beobachten geht eher in eine distanzierende Richtung, und das Schauen – da ist man sich von innen heraus nahe?*
S: Lassen Sie es mich etwas anders formulieren. Mit dem Beobachten gehen wir, wie Sie sagen, in eine Distanz zum Tun. Die Gefahr dabei ist, dass wir damit die Kontrolle verschärfen und die inneren Kommentare vermehren und das Bewerten verstärken bis hin zu den verinnerlichten Vorwurfsmustern: »Wie machst du denn das? Mach ja keinen Fehler! Du stellst dich ja wieder ganz blöd an. Hoffentlich merkt es niemand.«

Auch das Schauen, das neutrale, offene Schauen, bringt mich zunächst in eine gewisse Distanz. Es löst damit den Automatismus auf, dann aber löst es, im Gegensatz zum Beobachten, die Identifikation mit meinen unbewussten Ansprüchen und Ängsten und die damit meist einhergehende Verkrampftheit auf. Das pure Schauen macht uns mit der Zeit gleichmütig dem gegenüber, was wir sehen, um nicht zu sagen wohlwollend. Das Wichtige bei der Achtsamkeit im Sinne des puren Schauens ist für mich also eine aufnehmende Absichtslosigkeit. Wir haben davon ja im Zusammenhang mit der Übung der Stille gesprochen. Wenn man es dort entdeckt und gepflegt hat, dieses innerliche pure Schauen, dann kann man sich leicht auch im Alltag hin und wieder daran erinnern und die kontrollierende Fixierung auf den Zweck der Handlung etwas lockern, um für den Sinn der augenblicklichen Bewegung offen zu bleiben.

M: *Können Sie das Schauen noch einmal näher charakterisieren?*

S: Das sogenannte Schauen ist zunächst eine aktive Konzentration, es sammelt die Sinne auf das, was gerade vor sich geht, zum Beispiel, wenn man gerade Schritte auf der Straße tut, um eine Bushaltestelle zu erreichen. Es kann sein, dass einem dann der wechselnde Kontakt der Füße zum Boden auffällt, oder die Bewegung im ganzen Leib, oder die Beziehung dieser Bewegung zum Raum um einen herum, zu den Häusern, die an einem vorbeizuziehen scheinen. Wahrscheinlich wird man das Tempo im Tun etwas herabsetzen müssen, besser gesagt, das Gehen wird sich von selbst etwas verlangsamen, man sollte das also einrechnen, wenn es einem ernst ist mit dem Bus. Das Schauen, diese zunächst aktive Konzentration auf den Akt des Gehens, wird sich verdichten; es ist, als schaue man von Schritt zu Schritt in diesen einen Schritt hinein. Da man nicht etwas Bestimmtes zu beobachten oder zu erreichen sucht, geschieht es ganz von selbst, dass dieses Schauen immer mehr ganz von selbst geschieht, und dass man damit in das Erleben kommt, dass das Tun selbst ganz von selbst geschieht. Dieser Schritt und dieser Schritt. Der aktive Sammlungsimpuls also weicht einem mehr passiven Erleben. Aus der Konzentration wird ein Gewahrsein, oder mehr noch ein Innesein. Dabei geschieht, dass die Ich-Kontrolle auch bezüglich dieses Erlebens immer mehr wegfällt, bis ich nicht mehr an dem Ich-Erlebensbezug festhalte, also mir nicht mehr innerlich ständig vorsage oder kommentiere, was ich jetzt wie erlebe. Aber eine Wachheit muss bleiben, sonst kann man an solcher Schwelle auch in ein dahindösendes Geschlurfe oder in ein abgehobenes Schweben geraten. Wenn Wachheit bleibt, so ist irgendwann keine Trennung zwischen den Schritten und dem, der sie tut, keine Trennung zwischen dem Schauen und dem Tun. Schauend hat man sich selbst in die wachen Schritte hinein vergessen. Dann ist nur Gehen, und das ist genug. Es ist in der Weise genug, dass man versteht: »Der alltägliche Geist ist der Weg.«

M: *Gibt es da nicht, zumindest anfangs, die Befürchtung, dass in der Selbstvergessenheit alles ziel- und planlos wird und das Leben aus dem Ruder läuft? Oder auch die Angst, dass dabei die eigene Identität ins Schwimmen gerät?*

S: Sie geben einer viel gehörten Befürchtung die Stimme, es ist die Befürchtung derer, die die Sache wegen der Befürchtung nicht probieren! Die eine Befürchtung wäre, dass die Tätigkeit ohne die gewohnte Kontrolle am Zweck vorbei laufen könnte, oder dass man damit die Milch auf dem Herd einmal mehr überlaufen ließe. Und die andere, dass man in der Selbstvergessenheit die Ichkontur verliert. Das sind ja zwei verschiedene Dinge, die insofern miteinander verwoben sind, als man sich vielleicht öfter, als man denkt, aus dem Resultat des Tuns, aus dem Zweckerfolg, sein Identitätsgefühl holt. Als ob man sich mit jedem Resultat eine Daseinsberechtigung beschaffen müsse.

Die Erfahrung mit dem reinen Schauen zeigt aber in Bezug zu dem ersten Punkt, zu der Befürchtung, dass man nicht zum Ziel kommen wird, dass durch das Schauen so mancher Widerstand, der oft das Geschirrspülen oder das Aufräumen unbewusst begleitet und so dem Tun eine Menge Energie abzieht, aufgehoben wird. Wenn man seinen gewohnten Widerstand nicht mehr mitschleppen muss, wird die Arbeit leichter, und man kann geduldiger und damit klarer und nüchterner sehen, wie weit es steht mit der Milch, ohne sich zu ärgern, dass es so lange dauert. Und auch zeigt die Erfahrung mit dieser schauenden Achtsamkeit, dass viel überflüssige Bewegung wegfällt: die fahrigen, umständlichen Umwege in der Bewegung. Dies alles dient (als Nebenprodukt der Übung!) dem Zweckziel des Tuns.

Und in Bezug zum zweiten Punkt, zu der Befürchtung, dass das Ich ins Schwimmen gerät, kann ich nur sagen, dass diese schauende Achtsamkeit einen in jedem Fall, auch wenn man nicht zu einem Erleben von Einssein kommt, mit der Sinnseite des Tuns verbindet, sodass diese gedankliche Sorge um das Ich darin ganz von selber schwindet. Dadurch, dass die Ich-Bezogenheit sich zurückzieht, leitet der Kontakt mit der Situation die Bewegung. Und wenn das Erleben in die Richtung geht, als kehre der Besen wie von selbst, dann hat auch das besorgte Ich nichts mehr dagegen!

M: *Relativiert sich dadurch auch all das, was einen am Alltag leiden lässt?*

S: Ja, man wird den Alltag mit seinem Programm und mit seinen Notwendigkeiten nicht mehr als ein Gegenüber sehen, dem man sich aufgrund seiner Ansprüche und Ängste oft genug als armes Geschöpf ausgeliefert fühlt. Das achtsame Schauen führt in eine Hingabe an das Tun, und diese gibt dem Selbstvergessenen sein wahres Selbst »zurück«, sei das im Gehen oder im Zähneputzen oder Blätterkehren. Das Schauen führt dazu zu sehen, dass »Alltag« nichts anderes ist als ein Konzept, das die Wirklichkeit verstellt, die Wirklichkeit, in der unser tiefstes Wesen ungetrennt ist von jeder durch »Alltag« bedingten Bewegung.

M: *Sie sprechen von Hingabe und Selbstvergessenheit. Vorher war die Rede davon, den Automatismus des Alltags zu unterbrechen. Die Übung des Innehaltens führt schließlich dazu, dass alles quasi von selber geht, und man selbst sich in die Sache vergisst. Könnte man das nicht mit Automatismus verwechseln?*

S: Es klingt wohl so, als ob die beiden Verfassungen sich gleichen, und dabei sind sie doch entgegengesetzt. Mit Automatismus bezeichne ich eine Verfassung, in der wir unser Leben nicht er-leben, in der wir nicht von unserem Seelengrund her gegenwärtig sind. Selbstvergessenheit hingegen ist eine Steigerung von Gegenwärtigkeit. Diese hat eine gewisse Verwandtschaft mit der Gegenwärtigkeit eines kleinen Kindes, das noch unreflektiert erlebt und reagiert, das aber mit ganzer Seele bei jedem Schritt und Spiel dabei ist, wie jeder sehen kann. Es *ist*, was es spielt. Daran kann man sehen, dass dieses innerliche Dabei-Sein nicht abhängig ist von den Fähigkeiten eines entwickelten intelligenten Ichs. Wenn der unbewusst seelenvolle Lebensvollzug dann schwindet um der Entwicklung des dualistischen und reflektierenden Bewusstseins willen, dann geschieht es leicht, je nach den Erfahrungen in solcher Wachstumszeit, dass der Mensch sich von seiner natürlichen Anteilnahme an seinem Lebensvollzug gänzlich distanziert. Dann läuft das Leben, gut geübt, automatisch weiter, als handele es sich um nichts anderes, als beim Autofahren automatisch Gas- und Bremspedal zu betätigen, ohne dass man mit seinem fühlenden Geist, mit dem Herzgeist, daran teilnimmt. Dass die Füße so automatisiert agieren können, um unseren Geist von diesem Vorgang frei zu halten, ist wunderbar, aber wenn der ganze Mensch agiert, als ob sein Leben nur daraus bestehe oder gar darauf hinziele, Gas- und Bremspedale und noch ein paar Verstandeshebel zu bedienen, ohne dabei gestört und ohne davon berührt zu werden, dann ist das eine Tragik, auch wenn damit der Alltag vielleicht ganz glatt läuft, eben automatisch. Uns aus solcher schlafenden Selbstverleugnung herauszurufen und erst einmal zu entdecken, dass *wir* es sind, wir selbst, die Tore öffnen und Türen schließen und die verantwortlich sind für Gedanken und Gefühle und Taten, das ist dann ein erster Entwicklungsschritt, und zwar auch ein spiritueller. Wenn man dann aber übend und erfahrend die Ebene dieser Ichkontur überschreiten darf, wenn man sich hineinvergessen darf in das Mysterium seines ursprünglichen Einsseins mit allem Ich der Welt, dann verliert man dadurch nicht seine gewonnene Präsenz, dann rutscht man dadurch nicht zurück in das Nicht-Lebensgefühl eines Automaten, sondern dann erfährt man in dem »Ohne-sich« sein Gegenwärtigsein durchdrungen von einer All-Gegenwärtigkeit. Und weiß den Sinn seines Daseins.

M: *Man weiß den Sinn seines Daseins?*

S: Man weiß sich dafür da, dass Gegenwärtigkeit geschieht. Dass *Es* sich spielt durch uns, so wie wir es ahnen, wenn wir dem Spiel eines Kindes zusehen.

M: *In dem Automatismus, wie Sie ihn geschildert haben, kann man aber durchaus zweckbewusst und zweckverantwortlich handeln.*

S: Ja, das ist wichtig, dass Sie darauf hinweisen. Automatisch handeln meint nicht unintelligent agieren. Ich habe das Beispiel etwas extrem geschildert, und dadurch könnte ein solches Missverständnis entstehen. Man kann auf weltlicher Ebene verantwortlich handeln und kommt auf der eigenen inneren Ebene doch nicht vor. Darum kann auch ein Mensch, der große Erfolge zu verbuchen hat und mit seinen Taten viele Zwecke, auch hochstehende, erfüllt hat, auf einmal von der Sinnfrage heimgesucht werden und daran zu leiden beginnen. Solange man automatisch lebt in dem Sinne, dass man nicht von seinem Seelengrund her beteiligt ist, bemerkt man dies ja gerade nicht und leidet somit auch nicht, außer vielleicht im Nachklang von besonderen Augenblicken, die einen doch tief berührt haben, und von denen aus man das Gefälle zum Alltag erkennt, und vielleicht auch in den Momenten vor dem Einschlafen, in denen das Wesensgewissen keine Ruhe findet.

M: *Man ist wohl kaum jemals ein für allemal aus dem Automatismus heraus?*

S: Nein, natürlich nicht. Wir haben ja nur auf den grundsätzlichen Unterschied geschaut. Solange wir nicht Vollendete sind, werden wir immer einige Phasen des Tages »verschlafen«, auch und vor allem, indem wir während eines Tuns mit unseren Gedanken irgendwo anders sind, auch automatisch, d.h. ohne an dieser gedanklichen Beschäftigung wirklich teilzunehmen. Beim Treppensteigen oder bei einer anderen Situation, die man sich vielleicht innerlich als Übungspunkt gekennzeichnet hat, wacht man dann wieder auf und freut sich, dass man gerade wieder ankommt im »Gerade-Jetzt«. Wenn man sich an Meister Nansen erinnert, leuchtet einem vielleicht für einen Augenblick auf, dass auch die verschlafenen oder »verdachten« Phasen nichts anderes waren und sind als: »Der alltägliche Geist ist der Weg.« Das allerdings sieht man erst, wenn man aufwacht. Von dort aus nimmt man das natürliche Auf und Ab in jedem Übevorgang als nichts anderes, als was es eben ist: das natürliche Auf und Ab.

M: *Wenn man so darauf schaut, kann das vor der Meinung schützen, man müsse sich mit einer Art Überkonzentration in der Aufmerksamkeit halten. Manch einer nimmt doch einen Übereifer an Übung ins Tun hinein.*

S: In diesem Fall gebe ich einem Übenden manchmal den Rat, sich zu erinnern, wie es war, als Kind zu spielen. Wie lustvoll es war, einen Turm zu bauen, und wenn er umgefallen war, ihn wieder aufzurichten, und jedes Mal zu staunen, wie der Turm gerade wieder entstand. Natürlich weiß man das nicht mehr. Und doch habe ich schon oft erlebt, wie allein die Vorstellung dieser oder einer ähnlichen Situation eine Wirkung haben kann, sodass sich unmerklich Kiefergelenke lösen, Schultern sich entspannen, und der verbissene Übe-Ernst einer Hingegebenheit weicht, die sich an dem Tun selbst zu freuen beginnt.

M: *Es kann ein Glück sein zu merken, dass das reine Sosein schon nährt. Dann bin ich natürlich schon sehr nah an dem, was der Alltag eigentlich sein kann – Ausdruck der letzten vollkommenen Wirklichkeit. Ich nehme quasi einen methodischen Anlauf vom Innehalten über das innere Schauen, und dieses wächst immer mehr in den Lebensvollzug hinein, bis am Ende in allen Situationen und Dingen das Eine aufleuchtet?*

S: Ja, am Ende! Wobei Sie nun zu dem zurückkehren, was ich mit dem Thema Achtsamkeit gerne verbunden haben wollte: Es gilt natürlich, diese schauende Achtsamkeit nicht nur auf unser Tun zu richten, sondern (und wie wäre das zu trennen!) auch auf das, was wir sehen, hören und aufnehmend miterleben. Inneres Schauen ist dann nicht als ein Schauen nach innen zu verstehen, sondern als ein Schauen in das Innen des Außen. Man wird erstaunt sein, in was für einem anderen Licht einem manche Dinge und Situationen erscheinen. Als ob das reine Schauen die Wunsch- und Angst-Konzepte, durch die unsere Sinne wohl oft getrübt sind, herausreinigt. Bis die Dinge sich einem mehr und mehr in ihrem puren Dasein zeigen, bis man, wie schon in anderem Zusammenhang gesagt, die Menschen auf einmal jenseits der Färbung durch Sympathie oder Antipathie erlebt. Oder wie Sie sagen, bis am Ende in allem das Eine aufleuchtet. Aber auch wenn dieses »Ende« einem nicht zur Erfahrung wird, so bewirkt dieses reine Schauen in jedem Fall, und das scheint mir das Allerwesentlichste von der ganzen Sache, dass man beginnt, die Dinge mehr und mehr »als solche« zu achten. Für gewöhnlich achten wir die Karotte, weil sie schmeckt und nährt, die Blume, weil sie uns durch ihre Schönheit erfreut. Das pure Schauen führt dahin, dass man die Dinge nicht nur schätzt um ihres zweckhaften Zusammenhangs willen, sondern – ohne jedes *Weil*, ohne Bedeutungszusammenhang; nur um dessentwillen, dass sie sind. Aber nicht nur die Dinge! Auch den Nachbarn beginnt man zu schätzen ohne den Hintergedanken, dass er einem geholfen hat oder helfen könnte. Und vielleicht sieht man dann achtend auch sich selbst, ohne an vollbrachte Leistung zu denken, sondern nur um der Tatsache willen, dass man *ist*.

M: *Das nimmt als Konsequenz im Leben auch viel Spannung heraus.*
S: Ja. Wenn sich in einem durch das reine Schauen eine wesensgemäße Achtung mehr und mehr ausbreitet, dann kann man nicht mehr so gewohnheitsmäßig über andere urteilen. Gerade indem die anderen einem achtenswert er-

scheinen, sieht man, wie oft sie selbst zu dieser Achtung noch nicht gefunden haben. Wie viel Leid und Unzufriedenheit wurzelt darin! Wie viel Widerstand gegenüber dem Alltag und wie viel Misstrauen gegenüber Beziehung möchte und könnte erlöst werden durch wahre Selbstachtung, durch das Sich-Achten um dessentwillen, dass man ist.

M: *Das nimmt im Leben auch die Spannung heraus, seine Identität ständig schützen zu müssen.*
S: Ja, auch wenn mein Dasein jederzeit zerstört werden kann, so kann doch dies, was das pure Schauen achtend entdeckt, weder angegriffen werden noch vergehen. Solange man dieses Unzerstörbare nicht erlebt oder erahnt hat, muss man eigentlich alle paar Augenblicke um sich fürchten. Umgekehrt wird man – aus dem Schauen in das Unzerstörbare – mancher Stimmung oder vielmehr Verstimmung der Mitmenschen anders begegnen, sei diese depressiver oder aggressiver Art, auch wenn man dabei selbst »angegriffen« wird. Das reine Schauen fühlt – man weiß nicht, wie das geht – mit dem angegriffenen Angreifer mit, sodass man vergisst, sich zu wehren und damit sich dahinein zu verstricken.

M: *Sie reden hier aber schon von einem Ideal, auf das man sich immer wieder ausrichten kann, das man aber nicht schlichtweg besitzt.*
S: Ich gehe davon aus, dass man meine Antworten in dem Sinne versteht, dass sie immer auf das Prinzip deuten; und eine andere Sache ist, inwieweit dieses Prinzip sich verwirklicht, wenn es sich an der Herausforderung der Alltagssituation bricht. Da gibt es ständig alte und neue Grenzen, die sich aber bewegen.

M: *Wo wir von Begegnung mit Menschen sprechen: nimmt diese kleine Distanz, in die ich mich doch jedenfalls anfangs mit dem Schauen begebe, nicht von der Spontaneität der Begegnung mit dem Mitmenschen etwas weg?*

S: Das achtsame Schauen bricht gegebenenfalls ein gewohntes Muster auf, sei es, dass man darin eine freundliche Nähe zu betonen suchte oder dass es sich durch schützende Distanz auszeichnete – oder wie auch immer sich etwas Angelerntes oder Übernommenes zeigen mag. Solches funktioniert nicht mehr unter dem Schauen, das von der stillen Weite her das Nicht-Gemäße durchschaut. Das achtsame Schauen bricht gegebenenfalls auch emotional identifiziertes Verhalten auf, das wir meist für spontan halten, nur weil es, aus emotionaler Identifikation, so ungebremst hervorschießt. Wenn auch solche Reaktionen nicht mehr funktionieren, entsteht ein Freiraum, in dem man sich zunächst vielleicht etwas unbeholfen vorkommt, aber der die Chance birgt, dass die Weise der Begegnung sich aus der Begegnung selbst formt, so oder so.

M: *Wie können sich Begegnungen unter dem Einfluss der Übung sonst noch verändern?*

S: Ganz allgemein gesagt wird jede Begegnung leichter, wenn das Schauen sich im guten Sinne »neutral«, d.h. frei auf das bezieht, was gerade vor sich geht, sodass in solcher Wirklichkeitsbezogenheit gar kein »Platz« mehr ist für die Wünsche und Ängste, die wir oft in das Miteinander hineintragen, und aus denen die meisten Missverständnisse und Konflikte entstehen.

Im Besonderen werden Begegnungen leichter, wenn wir uns für unser tiefstes Anliegen, für die Beziehung zu unserer Wesenswirklichkeit und die Erfüllung, die wir aus dieser Beziehung erwarten, bewusst selber verantwortlich fühlen. Somit tragen wir nicht unbewusst den Anspruch nach solcher Erfüllung in die Begegnungen hinein, was meist zur Folge hat, dass man die anderen dann für Enttäuschung verantwortlich macht, ohne genau zu wissen, um welche Erwartung es eigentlich ging. Um es noch anders zu sagen: Begegnungen werden leichter, wenn man bei sich selbst und damit in der großen Ordnung ankommt, immer wieder, immer mehr. Es werden dann Kräfte frei für das, was im Miteinander werden will, was natürlich nicht heißt, dass man sich nicht mehr abzugrenzen wüsste.

M: *Das ist auch so ein Klischee, dass Einheitserfahrung zu Abgrenzungslosigkeit führt.*
S: Nun ja, manche Menschen meinen, die Erfahrung von Einssein müsse dahin führen, dass man jede Einladung annehme und jede Situation gutheiße. Sie verwechseln das Anerkennen der Realität mit gutheißender Zustimmung. Folgt man solcher Verwechslung, landet man bald in einem heuchlerischen Einheitsbrei mit all den giftigen Untergrundspannungen, unter denen so manche idealistische Gemeinschaften zu leiden haben. Falsch verstandene Einheit mit ihren vereinnahmenden Folgen kommt immer aus einer *Vorstellung* von Einssein, nicht aber von deren *Erfahrung*. Die Erfahrung des einen Seinsgrundes hingegen, die wie eine vertikale Dimension die horizontale Ebene der Unterschiedlichkeit durchkreuzt und durchdringt, anerkennt Verschiedenheit und Grenze und weiß zu urteilen, wo Urteil vonnöten ist. Dazu kommt mir eine kleine Anekdote in den Sinn. Ein Zen-Meister, dessen Namen ich vergessen habe, steht auf dem Marktplatz in einer Menschenmenge, und da tritt ihm sein Nachbar auf den Fuß. Der Meister sagt: »Pardon, mein Herr: Obwohl ich mich mit Ihnen eins weiß, möchte ich Sie bitten, Ihren Fuß von meinem wieder wegzuziehen.«

M: *Wie man in der Sitzübung mit schwer auszuhaltenden Gefühlen umgehen kann, haben wir in Kapitel 4 behandelt, aber oft ist es ja der Alltag, wo wir durch die Beziehungen mit anderen von heftigen Gefühlen gepackt werden. Wie können diese Situationen zum Übungsort werden?*
S: Können Sie ein Beispiel nennen?

M: *Wenn ich mich zum Beispiel missachtet fühle, nicht gesehen fühle und dann in einer Situation bin, wo ich merke, wie unwohl mir das ist am ganzen Leib. Oft werden ja Beziehungen anstrengend oder schwierig, wenn bestimmte Gefühle nicht mit hereingenommen werden, und man dann versucht, die irgendwie in Schach zu halten, und so viel Uneigentliches darum herum baut, statt dieses scheinbar so schlimme Gefühl in die Beziehung einzubringen. Wie kann dann die Übung und der Umgang aussehen? Es ernstzunehmen, dass es so ist, es da sein zu lassen und gegebenenfalls sogar in die Beziehung einzubringen?*

S: Das ist natürlich ein komplexes Thema, dem ein eigenes Kapitel oder Buch gewidmet werden könnte! Sie haben aber selbst das für diesen Zusammenhang Wichtige schon gesagt: Ernstnehmen, dass man sich missachtet fühlt. Es sich zugestehen, ohne sich dafür zu schämen. Alle Gefühle, die aufsteigen, sind menschenwürdig. Weniger menschenwürdig ist oft, wie man aus ihnen heraus reagiert, besser gesagt reagiert hat! Die Gefühlssituation wird dann vermutlich von selbst im Sitzen in der Stille auftauchen, und wie man damit umgehen kann, das haben wir im dritten und vierten Kapitel ausführlich beschrieben. Einen Punkt dazu möchte ich noch erwähnen: Wenn man den Eindruck hat, dass auch das Schauen auf sich als den Missachteten nicht in die Stille zurückführt und an dem Gefühl nichts ändert, dann kann man sich sagen: »Ich kann nichts machen.« Dieser kleine Satz wirkt oft wie ein Zauberwort. »Ich kann nichts machen.« Dieses ist nicht als ein resignatives Aufgeben gemeint, sondern es ist ein demütiges Zugeständnis, und daraus wird eine fruchtbare Aktivität, die Aktivität des Nichts-Machen. Von da aus wird sich beim Aufstehen vom Sitzen in der Stille zeigen, ob die Situation, die den Anlass zu der Verstimmung gab, besprochen sein will; ob man seine Verletztheit zeigen kann, ohne sie in einem Vorwurf zu verstecken; ob man fragen kann, wie die Situation für den anderen war – oft hat dieser ja mit dem gleichen Thema zu tun; ob man um etwas bitten kann, was einem in der besagten Situation gut täte; ob man sich in seiner Verletztheit frei genug fühlt, den anderen frei zu lassen in Bezug auf seine Reaktion. – Oder ob man durch die Übung der Stille und das Ich-kann-nichts-Machen ein Sich-selbst-Achten wiedergefunden hat, das die verletzende Geschichte vergessen macht.

M: *Es kann also in viele Richtungen gehen. – Sie haben aber gerade bei dem Beispiel eine Sitzübung dazwischengeschaltet. Ich meine, was macht man in der aktuellen Alltagssituation?*

S: Im aktuellen Moment hat man meist reagiert, bevor man sich fragen kann, was man im aktuellen Moment tun könnte! Darum bin ich erst noch einmal auf die Sitzübung eingegangen. Aber wenn man einmal früh genug bemerkt, dass sich die Herzgegend zusammenzieht, dass eine Emotion im Anmarsch ist, dann kann man durchaus in der Situation selbst den schauenden Zeugen auf den Plan rufen, d.h. versuchen, dieses pure Schauen auf die emotionale Stimmung zu lenken und diese als die eigene Sache anzuerkennen, als etwas, was jetzt so, wie es ist, zu einem gehört. Je mehr es zu einem gehören darf, umso weniger ist man von der Emotion gesteuert. Man schaut dann gleichsam durch den Schmerz hindurch und bleibt so in der Verbundenheit mit der Sache, um die es gerade geht. Manchmal durchschaut man dabei das Gefühl in dem Sinne, dass man zum Beispiel darin die eigene altbekannte Eitelkeit entdeckt, die, kaum entdeckt, um die Hälfte schwindet und mit ihr der Schmerz. (Ich erinnere gerade den Ausspruch von Carl Gustav Jung: »Emotion ist nämlich die Hauptquelle aller Bewusstwerdung«, was in diesem Fall meint, dass die Emotion mich meine Eitelkeit erkennen lässt.) – Und auch kann es sein, dass man – in Sekunden wohlgemerkt – durch den Schmerz hindurch schaut wie durch ein Fenster und die grenzenlose ungestörte Weite dahinter sieht. Und wenn das Schauen noch weiter geht, dann kann es sein, dass das Schauen auf den Schmerz einen dahin bringt, dass man diesen erlebt als: »Der alltägliche Geist *ist* der Weg!« Ich sage nicht, dass damit jeder Schmerz fortgeblasen oder gelindert wäre. Aber man kann darauf vertrauen, dass auch er, so heftig er sein mag, sich in seinem »puren Dasein« zeigt und damit in seiner leer-stillen Substanz. Und diese Entdeckung ist so bewegend, dass man, obwohl noch immer in der aktuellen Situation, obwohl noch immer im Schmerz, dass man sich zugleich vollkommen frei und unverletzbar erfährt. Auch hier bleibt offen, wie das Miteinander dann weiter geht, ob der Auslöser sich als zu besprechender Konfliktpunkt erweist, oder ob er »nur« der eigenen Prüfungssituation gedient hat.

M: *Es kann also bis dahin gehen, dass schwer Auszuhaltendes auf dem Grund transparent wird, im Sinne von Meister Unmon: »Die Welt ist unermesslich weit wie dies.« »Dies« als das, was gerade ist.*
S: So ist es. Meister Unmon hat übrigens in einem anderen Gesprächszusammenhang einmal gesagt: »Jeder Tag ist ein guter Tag.« Wissen Sie, er meinte das wirklich ernst. Das war seine Erfahrung. Er meinte nicht, dass schlimme Dinge doch gar nicht so schlimm seien. Er meinte auch nicht, dass es keine Probleme gebe oder geben dürfe. Er meinte auch nicht, dass es kein Leid gebe. Er spricht von der Vollkommenheit, die in der Helle genauso leuchtet wie im dunkelsten Abgrund. Von da aus sagt er: »Jeder Tag ist ein guter Tag.« Darin sehe ich das eigentliche Kriterium für die Integration unserer Erfahrung und unseres Übens im Alltag.

M: *Also glücklich in einem besonderen Sinn, gleichgültig ob glücklich oder unglücklich.*
S: Ja. Es ist eine Art von glücklich, die glücklich und unglücklich überschreitet und doch diese gegensätzlichen Gefühlsqualitäten weiterhin zulässt. Es geht wieder um diese Vertikale – wenn wir uns ein Kreuz vorstellen –, die alle Stimmungen auf der Horizontalen durchdringt.

M: *Das ist mir noch einmal wichtig, weil es den Verdacht gegenüber der Meditation gibt: Man nimmt sich aus dem vitalen Lebensgeschehen heraus, wird distanziert und farblos.*
S: Nun, wenn man sich aus dem Lebensgeschehen herausziehen will, kann man auch das Meditieren dazu missbrauchen. Aber das ist das Mysterium in dieser ganzen Arbeit, dass die Beziehung zu dem Übergegensätzlichen eine Grundseligkeit auslöst, die durch alle Zustände hindurch geht, wenn sie das dann einmal tun wird! Bis dahin kann man froh sein, wenn man immer schneller und klarer erkennt, wie man sich gerade aus Gegenwärtigkeit herausgezogen hat und damit in der Tat einem Fliehenden gleicht. Graf Dürckheim sagte zur Definition von Reifen: »Man merkt immer schneller, dass man ›daneben‹ ist und kehrt immer schneller und ohne Umschweife in das Jetzt zurück.« Das hat er sicher öffentlich vornehmer formuliert, aber im Gespräch hat er das einmal genau so gesagt.

M: *Apropos »Jetzt«: Ich kenne die Vorstellung, dass es im Zen immerzu um das Jetzt geht – man sollte sich also gar nicht erinnern oder an morgen denken?*
S: Ja, ich kenne diese Vorstellung auch – von mir! Ich erinnere mich, wie ein Zen-Meister einst zu mir Anfänger sagte: »Ich freue mich, Sie bald wiederzusehen!« Mir blieb der Mund offen. Als er sich schon längst abgewandt hatte, überlegte ich noch immer hin und her, ob dieser Meister vielleicht doch nicht so ganz erleuchtet sei, da er offensichtlich an die Zukunft dachte und sich auch noch auf etwas freute, was nur in der Vorstellung genannt war und nichts mit dem Jetzt zu tun hatte! Bis ich nach einer Weile den Satz noch einmal erinnerte und mich auf einmal freute, diesen Mann bald wiederzusehen.

M: *Ich glaube, da kommen wir zu einer wichtigen Unterscheidung, weil im Zen oft zu hören ist, dass Erinnerungen an die Vergangenheit ähnlich wie Gedanken an die Zukunft nichts bringen, sondern nur das*

Jetzt wichtig ist. Es gibt also auch die ungeteilte wache Gegenwärtigkeit in der Erinnerung, die etwas anderes ist als ein Schwelgen in der Erinnerung, die der Gegenwart entflieht?
S: Mit der Erfahrung des Jetzt ist natürlich nicht eine Fixierung auf das, was in diesem Moment passiert, gemeint, sondern Jetzt ist ein Bewusstseinsgeschehen, das über alle Zeitlichkeit hinausgeht, das sich somit an jeder Erinnerung und an jedem Gedanken an die Zukunft entzünden und manifestieren kann. In der Erfahrung von Jetzt gibt es weder Zeit noch Raum, und diese Grenzenlosigkeit ist identisch mit dem Pünktchen, das mein Bewusstsein gerade greift, zurückschauend oder vorwärts schauend oder auf das blickend, was in der Aktualität gerade vor sich geht. Nur dass sich das Tor zur Erfahrung von Jetzt am leichtesten auftut, wenn unsere Wachheit den realen Augenblick berührt, und von daher liegt die Betonung der Übung immer auf dem gegenwärtigen Augenblick.

M: *Auch das Erinnern an Jetzt-Momente kann ins Jetzt führen?!*
S: Ja, auch so herum! Das Erinnern an eine erfahrene Qualität von Jetzt oder von »einfach dies« wird manchmal auch zum Auslöser für das Wiedererfahren von genau »einfach dies«, das sich nicht einmal auf irgendetwas beziehen muss, es kann auch alleine stehen, dieses: einfach dies!

M: *Und das hat dann nichts zu tun mit einem Hängen an dem Erfahrenen oder mit dem Festhalten-Wollen. – Kommt Ihnen sonst noch etwas in den Sinn, wie man wieder in das Jetzt kommt, wenn man sich davon entfernt fühlt?*
S: Nein. Aber eines wiederhole ich: Am besten ist, die Meinung aufzugeben, es müsse jetzt gerade irgendetwas anders sein, als es jetzt gerade ist!

Und dass wir nicht vergessen: Gegenwärtigkeit sucht sich selbst in uns! Sie arbeitet an uns von selbst. Wir sollten diesem Geheimnis mehr vertrauen.

Meditation und Religion
Über religiöse Konzepte hinaus

M: *Der Zen-Weg steht nicht im luftleeren Raum, sondern er ist entstanden und erwachsen aus einer religiösen Gesamtkultur, aus dem Buddhismus. Wir finden einen ähnlichen, vergleichbaren Weg auch in der mystischen Tradition im Christentum.*

Die Frage, die ich damit verbinde ist: Inwieweit ist es notwendig oder entbehrlich, den religiösen Gesamtkontext mit in den Blick zu nehmen für die Übung. Wo kann es beispielsweise hilfreich sein für die Übung, diesen Kontext mit in den Blick zu nehmen, und wo ist es vielleicht so, dass er eher hinderlich ist?

S: Die Übung selbst, die Praxis des Zen, ist für mich, wiewohl sie dem Zen-Buddhismus entsprungen ist, nicht eine an Buddhismus gebundene Praxis. Sie ist eine allgemeinmenschliche Übungsweise, zu der jeder Mensch finden kann, wenn er seiner geistig-seelischen Sehnsucht folgt. Allein, wenn Sie bedenken, dass das Wesentliche der Übung darin besteht, still zu sitzen: Kann man Still-Sitzen einer Religion zuordnen? Die Stille kann von keiner Religion gepachtet werden. Und wenn Sie bedenken, dass eine wesentliche Konzentrationsform im Zen darin besteht, auf den Atemfluss zu schauen: Gibt es einen buddhistischen oder einen christlichen oder einen sonst religiös geprägten Atem? Es gibt nur Ihren Atem, meinen Atem – Atem. Oder wenn Sie bedenken, dass ein weiterer Übungsansatz im Zen darin besteht, in reiner Aufmerksamkeit zu verweilen, ohne diese an irgendein Objekt zu binden: Ist reine Aufmerksamkeit eher etwas Christliches oder etwas Buddhistisches? Auf einen weiteren wichtigen Übungsansatz, die Arbeit mit dem *Koan*[30], sind wir in unserem Gespräch nicht eingegangen. Aber auch das Wesen der *Koan*-Übung, das darin besteht, das Bewusstsein mit einer Zen-Frage oder mit einer Zen-Aussage »auszufüllen«, um an ihr zu erwachen, ist nicht etwas, was an eine bestimmte Religion gebunden werden könnte. Und wenn die Inhalte der *Koans* auch aus buddhistischen Quellen stammen, so sind diese Inhalte nicht religiös fixierbar und führen über alles Inhaltliche hinaus. Für mich ist der universelle Charakter der Zen-Praxis etwas ganz Entscheidendes, da es darum geht, zur Erfahrung der Wesenswirklichkeit zu gelangen, und dieses Erfahren geht über alles Fassbare hinaus, es lässt sich mit keinem Konzept greifen. Darum ist mir auch wichtig, die Übung in einer Weise zu vermitteln, die jedem Menschen, aus welcher religiösen Tradition er auch komme – oder aus keiner – zugänglich ist. Ich bekenne mich aber zu dem Begriff »Zen«, weil ich diese klar definierte Weise zu üben und die daraus hervorgehende Anschauung der Erfahrung aus der Zen-Tradition übernommen habe.

Was nun Ihre Frage betrifft – den Gesamtkontext der einen oder anderen Tradition in den Blick zu nehmen für die Übung –, so versteht es sich für mich von selbst, dass ich in den Kursen zur Geschichte des Zen-Buddhismus spreche, und dass ich von unserer Zen-Schule, dem *Sanbô Kyôdan*[31], erzähle. In meinen Vorträgen, den *Teishos*, behandle ich auch immer wieder *Koan*-Szenen, und wenn Sie sich zum Beispiel an Meister Unmons Satz erinnern: »Jeder Tag ist ein guter Tag«, so können Sie sich sicherlich denken, dass über die Betrachtung eines solchen Satzes und seines Kontextes hinaus ein segnender »Unmon-Stachel« ausgehen kann, der auch diejenigen anspornt, die sich ansonsten gar nicht mit *Koans* befassen.

M: *Sie sagen: Stachel?*
S: Ja, Stachel. Denn dieser Satz sticht durch das gewöhnliche Verständnis vom »guten Tag« hindurch und öffnet so eine tiefere Perspektive.

M: *Im Rahmen der Übungspraxis werden auch Zen-Texte rezitiert. Welche Bedeutung haben sie?*

S: Diese Texte sind Ausdruck der Erfahrung des urreligiösen Phänomens, das sich in verschiedenen Kulturen in unterschiedlichen Bildern und Sprachen und Botschaften ausdrückt. Die klassischen Zen-Texte sprechen von nichts anderem als vom Übungsweg und vom Erwachen zur Wirklichkeit. Ich denke gerade an das Herzsutra oder an das *Shin-Jin-Mei* oder an den Text »Zen« von Daio Kokushi[32]. Diese Texte sind so von Erfahrung durchtränkt, dass sie die Übenden oft tief berühren und eine stark anregende Wirkung haben.

M: *Können Sie ein Beispiel sagen?*
S: Nun, wir können hier nicht einen solchen ganzen Text betrachten, aber wir könnten an einem Satz des Herzsutras sehen, was ich mit einer möglichen Wirkung meine. Sie erinnern sich an das Herzsutra und seine zentrale Aussage: »Form ist nichts anderes als Leere; Leere nichts anderes als Form.« Wir haben ja davon gesprochen. Wenn jemand ganz unvoreingenommen diesen Satz – der den Kern der buddhistischen, zumindest der mahayana-buddhistischen Lehre ausmacht – immer wieder einmal hört und mitspricht und ihn dabei einfach in sich hinein klingen lässt, dann werden die Worte ihm irgendwann aus seiner eigenen Stille widerklingen. Denn die Praxis des Zazen, des Sitzens in der Stille, führt ja dazu, dass wir in die Leerheit der Stille schauen, in diese grenzenlose Offenheit. Das Schauen wird selber mit der Zeit oder auch auf einmal ganz und gar offen und leer. Und dann sieht das leere Schauen mit der Zeit oder auf einmal dieses stille Leere, das alles, was ist, mit sich ausfüllt bis zur Nicht-Zweiheit. Der Schauende erfährt dieses grenzenlos Offene als reine Anwesenheit, er erfährt diese reine Gegenwärtigkeit als Seins-Ja aller Formen und Gestalten, als absolutes Ja seiner selbst. In diesem Schauen sind wir selbst in unserer atmenden Form nichts anderes als reine Anwesenheit, werden wir selbst zum vollkommenen Ja dieses Augenblicks.

Dieses wird dem Übenden widerhallen, wenn er hört oder spricht: »Form ist nichts anderes als Leere; Leere nichts anderes als Form.« Von solch urreligiöser Erfahrung oder Ahnung und Berührtheit aus lernt der Übende, die Tradition, aus der die Texte stammen, zu schätzen und sich für den dazu gehörenden Kulturraum zu interessieren.

M: *Das Herzsutra ist ein Text aus der buddhistischen Tradition. Verwenden Sie auch andere Texte?*
S: Ja, ich nehme hin und wieder auch Texte von christlichen Mystikern oder Texte von Goethe, von Novalis, Hesse oder Rilke zur Rezitation, in denen ich diese Beziehung der Seele zu ihrem Ursprung in einer anderen Tonalität wiederfinde.

Auch solche ausgewählten Texte führen, wenn man sprechend sich in sie vertieft, anstatt sich intellektuell mit ihnen zu befassen, zu einem Tiefenverständnis jenseits eines begrenzten Weltanschauungskonzeptes. Sie führen einen über alle Konzepte hinaus zu sich selbst. Von da aus findet man wohl einerseits einen Zugang zum buddhistischen Hintergrund und entdeckt andererseits das Vermächtnis der eigenen Tradition möglicherweise in einem neuen Licht.

M: *Ihr Interesse besteht also darin, sich nicht in theoretische problematische Grenzfragen zwischen den Religionen hineinzubegeben. Und es geht Ihnen aber auch nicht um eine Vermischung der Religionen.*
S: So ist es. Es kommen zu uns, wie anfangs erwähnt, Menschen aus verschiedenen Religionen, auch geistliche Vertreter aus verschiedenen Konfessionen, und natürlich gehe ich dementsprechend in den Kursen auf mögliche Fragestellungen und auf Grundthemen, wie die christlichen Jahresfeste sie vorgeben, ein. Aber ich erlebe, dass durch die Praxis der Stille kaum eine Diskussion entsteht über eine Problematik, die sich auf das Verständnis unterschiedlicher Tradition bezöge. Ich erlebe vielmehr, wie wir durch die Übung immer mehr dahin kommen zu verstehen, dass es

eher um die Frage geht, wie das, was sich in der großen und wegweisenden Erleuchtungserfahrung von Buddha zu erkennen gibt, in unserer Seele aufgeht. Und wie das, was sich in dem Christusgeschehen offenbaren will, in unserer Seele aufgeht. In solchem Aufgehen findet für mich eine Art von intimer Begegnung des Buddhistischen mit dem Christlichen statt. Und von dorther erübrigt sich manche Diskussion.

M: *So manche erübrigt sich, und manche lohnt es sich vielleicht zu führen. Für mich sind der Buddhismus und das Christentum zunächst durchaus unterschiedliche Weltdeutungen, die nicht vorschnell ineinander aufgelöst werden sollen. Sie können in eine kreative Spannung treten, sich wechselseitig beleuchten, konfrontieren und vertiefen. Dabei können auch problematische religiöse Vorstellungen oder Ausprägungen einer religiösen Tradition überwunden werden, zum Beispiel die Vorstellung eines vielfach allzu menschenartig gedachten Gottes auf christlicher Seite oder auch die Einheitsvorstellung, in der alles in einem Einerlei verschwimmt, auf buddhistischer Seite.*

Wenn ich richtig verstehe, halten Sie Ausschau nach dem erfahrbaren Wirklichkeitsgrund, der in der jeweiligen religiösen Tradition zum Ausdruck kommt und lassen dabei die jeweilige Tradition in ihrer eigener Würde bestehen.

S: Ja, wobei für mich Zen nicht vergleichbar ist mit einer religiösen Anschauung – welcher Tradition auch immer –, in der man sich als Mensch in einer mehr oder weniger grundsätzlich verwünschten Lage sieht und somit sich angewiesen fühlt auf die Hilfe eines jenseitigen, erlösenden Gegenübers, dem man sich unwürdig ausgeliefert meint. Zen ist eine seelenwürdige Praxis, in der man zu der bewegenden Erfahrung gelangen kann, dass man, bei allen Täuschungen und Fehlern, denen man erliegt, das Einssein mit seinem grenzenlosen, unfassbaren, absoluten, schöpferischen Ursprung nicht verspielen und nicht verpassen kann; dass somit die Not, sich abgesondert vorzukommen, die tiefste Täuschung ist, in die man – natürlicherweise – durch die dualistische Bewusstseinsentwicklung hineingerät. Und man erfährt, dass diese Täuschung selber mit all ihren abgründigen Folgen letztlich wiederum nichts anderes ist als die Tatsachenspur des *einen* Seins; und dass diese Täuschung selber einen durch Not und Entwicklung hindurch genau dahin führt, dieses zu erkennen. Gesegnete Täuschung –, in der man, auf dem Abgrund der Sonderung, den Urgrund des unverspielbaren Einsseins erleben mag! Wenn nun zum Beispiel ein gläubiger Christ zu solcher Erfahrung stößt, dann wird er sich nicht vom Christentum abwenden, dann wird er sich vielleicht ganz neu oder jedenfalls tiefer getroffen fühlen von manchem biblischen Wort, das er bisher mit seinem Verstand – vielleicht auch Unverstand – zu fassen suchte.

M: *Dann klären sich vielleicht auch manche Konfliktpunkte in der interreligiösen Auseinandersetzung, zum Beispiel der oft genannte Konfliktpunkt zwischen Christentum und Buddhismus, dass im Christentum die personale Beziehung zu Gott als letzter Wirklichkeit und im Buddhismus die Einheit mit der letzten Wirklichkeit vertreten wird. Mein Eindruck ist, dass diese Gegenüberstellung auf eine Weise auseinanderpolarisiert wird, die vor einem tieferen Blick keinen Bestand hat: hier ein dualistisches Gegenübersein, dort die blanke Einheit, in der die Unterschiede ausradiert sind – da läuft etwas schief! Entweder geschieht dies aus Unkenntnis oder aus einem angstmotivierten Abgrenzungsbedürfnis. Denn auch der Buddhismus versteht die Einheit so, dass in ihr die Vielheit west und nicht abgetrennt davon existiert.*

S: Das ist ja das Wesen des Buddhismus!

M: *Eben. Und im Christentum ist das Bild eines Rauschebart-Gottes, der irgendwo im Universum sitzt, weit weg vom eigenen tieferen Selbstverständnis. Dabei möchte ich keineswegs in Abrede stellen, dass es im Christentum viele problematische und irreführende religiöse Anschauungen gibt, die gerade von der personalen Vorstellung Gottes herrühren. Aber ein tieferes Selbstverständnis weiß: Gott kann nicht schlicht neben der relativen Weltwirklichkeit bestehen, dann wäre er* *nicht absolut. Und das »Du« Gottes, auf das man sich ausrichtet, offenbart sich letztendlich als die eine alles umfassende Wirklichkeit und sie bleibt »Du« insofern, als sie die immer noch größere eine Wirklichkeit ist, für die wir uns immer tiefer öffnen können.*

Also, bei allen unterschiedlichen Erscheinungsformen dieser beiden religiösen Traditionen: Wenn man es in einem tieferen Sinn recht verstehen will, dann schmelzen manche Unterschiede doch sehr zurück. Es bleibt allenfalls eine kreative Spannung.

S: Ich kann dazu meinerseits etwas sagen, indem ich auf eine konkrete Frage Bezug nehme, die in den Kursen zuweilen aufkommt: »Was hat in solchem Einssein die personale Ebene noch zu suchen? Wem könnte man danken? Vor wem sich verneigen?« (In den Zen-Kursen verneigt man sich ja immer wieder, zum Beispiel beim Betreten und Verlassen des *Zendos*[33], des Übungsraumes, oder vor und nach jedem *Zazen*[34]). Ich kann solche Frage verstehen, aber nicht nachvollziehen, denn für mich ist es eher so: Je mehr man sich eins erfährt mit dem Einen, das auftritt in allen Formen, umso mehr mag man jedem Steinchen danken dafür, dass es sich einem offenbart, und das ist gleichbedeutend damit, dass es einem das Eine offenbart, und das bedeutet gleichzeitig, dass es einem einen selbst, das eigene Selbst offenbart wie in einem Spiegel. Es ist, als schaue man selbst aus dem Steinchen hervor.

Für mich ist es eher so, dass man sich, je mehr man sich eins erfährt mit dem Einen, das auftritt in allen Formen und Gestalten, vor jedem Ding und vor jedem Lebewesen verneigen möchte. Und je mehr man sich eins erfährt, umso weniger weiß man im Verneigen, wer sich vor wem verneigt. Und umso mehr und tiefer verneigt man sich.

M: *So gesehen heißt das eben auch nicht, dass man aufhören muss zu beten, wenn man meditiert.*

S: Ich habe, wie im erstem Kapitel angedeutet, sehr wohl ein Drama erfahren, das damit zusammenhing, dass das Gottesbild, an dem ich hing, zusammenbrach, und dass mein Beten an der Fantasiegestalt, an die es sich wandte, abprallte. Ich habe die Sache mit dem Beten später so erfahren, dass ich in der Erfahrung der Stille hineingehoben werde in ein unendlich Größeres, das ich so wenig fassen kann wie dann auch mich selbst. Von dieser Stille her, in der keine Trennung ist zwischen diesem Größeren und einem selbst, kann man gar nicht von einem »mir« aus etwas sagen zu diesem Größeren, weil da ein Einziges ist, das – obwohl es unendlich größer ist als man selbst – doch gerade da sitzt und schweigt und später wieder aufsteht und Schritte tut, als sei *Es* man selbst. Ein Einziges ist da in der Erfahrung, das nicht fassbar ist, auch nicht mit dem Wort »Gott« oder »Du« oder »Ich«. Und gleichzeitig kann man aus solchem Einssein mit dem Einzigen »zurückkehren« und sich wahrnehmen in seinem begrenzten »kleinen« Bewusstsein, das etwas unendlich Größeres erlebt. Von da aus kann man über das Größere und über das Kleinere sprechen, als seien es *zwei*, und so kann man auch die Namen ehren, die man von seiner Tradition her kennt für das Geheimnis dieses *Einen*, und so kann man von der Ich-und-Du-Ebene aus auch Gebete zu dem Größeren hin mitsprechen und mitempfinden. Immer mehr greifen die Ebenen ineinander, sodass es kaum ein Hinfinden braucht, um in das Eine aufgehoben zu werden, und sodass es kein Zurück braucht, um zu der Ebene der Zwei zu kommen. Immer mehr wird man das Eine als das Ich-und-Du erfahren. Immer mehr empfindet man, auch wenn man betet, dass selbst dies von niemand anderem getan wird als von dem Einen selbst.

M: *Diese spirituelle Sicht auf das Leben – so könnte man nun noch viel umfassender ausholen – entfaltet sicherlich auch Konsequenzen auf allen anderen Gebiete des menschlichen Lebens wie Medizin, Pädagogik, Ethik, Politik und so fort. Das sei nur bemerkt, darauf können wir hier natürlich nicht weiter eingehen.*

S: Ja, die Erfahrung dieses Einen, das auftritt in allen Gestalten und Formen, die ist es, welche allen Bereichen menschlichen Zusammenlebens Wandelimpulse zu geben hätte, denn sie entfacht auf der Ich-und-Du-Ebene einen Liebesfunken und hat einen Liebesbezug zur Folge, fast möchte ich sagen, ob man will oder nicht. »Dich wollte ich doch eigentlich gar nicht mögen!« kommt es einem vielleicht in dieser oder jener Begegnung. Das Gebot »Du sollst deinen Nächsten lieben wie dich selbst« könnte dann umformuliert werden in: »Erkenne, dass du von deiner Wesensnatur her gar nicht anders kannst, als deinen Nächsten zu lieben wie dich selbst.« Es ist offenbar das *eine* Selbst, das jede Gelegenheit sucht, seine Unteilbarkeit in der Form der Liebe zu offenbaren. Nur, bis dieses Erkennen uns so tief durchdringt, dass wir stets danach handeln, das braucht Zeit. Also übe ich weiter.

Anmerkungen

1 Mystik – Spiritualität der Zukunft. Erfahrung des Ewigen. P. Willigis Jäger OSB zum 80. Geburtstag, hg. von Peter Lengsfeld, Freiburg 2005.

2 Fritz Buri: Der Buddha-Christus als der Herr des wahren Selbst. Die Religionsphilosophie der Kyoto-Schule und das Christentum, Bern 1982.

3 Karlfried Graf Dürckheim, (1896-1988), Professor für Psychologie; Gründer der Initiatischen Therapie, inspiriert v.a. von der Tiefenpsychologie Carl Gustav Jungs, und Gründer der »Existentialpsychologischen Bildungs- und Begegnungsstätte« in Rütte bei Todtmoos im Schwarzwald (gemeinsam mit Maria Hippius); in langjährigen Aufenthalten in Japan intensive Beschäftigung mit Zen und Lehrer der »Meditation im Stile des Zen«; neben dem Jesuitenpater Hugo-Enomiya-Lassalle (1898-1990) ein wichtiger Pionier der Zen-Inkulturation im Westen.

4 Sitzen in Unbewegtheit und Stille.

5 Willigis Jäger, Kyo-un Roshi, geb. 1925, katholischer Priester und Benediktinermönch; Zen-Meister der Sanbô Kyôdan-Schule (Zen-Schulung unter dem japanischen Zen-Meister Yamada Kôun Roshi), Kontemplations-Lehrer in der Tradition der christlichen Mystik; spiritueller Leiter des Benediktushofes in Holzkirchen bei Würzburg und wichtiger Exponent einer mystischen Spiritualität mit einer Vielzahl von Veröffentlichungen zu dieser Thematik.

6 Intensive *Zazen*-Übungstage unter der Leitung eines Zen-Lehrers.

7 Siehe Anmerkung 4.

8 Formulierung aus einem Zen-Text oder aus einem überlieferten Frage-Antwort-Dialog (*Mondo*) zwischen Schüler und Meister, mittels der auf intellektuell nicht fassbare Weise auf die Wesenswirklichkeit hingewiesen wird. *Koans* werden dem Schüler als Übungsaufgabe gegeben, um ihn auf eine tiefere Bewusstseinsebene zu führen.

9 Das Herz-zu-Herz-Gespräch zwischen Meister und Schüler.

10 Siehe Anmerkung 9.

11 Siehe Anmerkung 4.

12 Als grundsätzlichen Unterschied zwischen Dokusan und therapeutischem Gespräch gilt für mich: Im Duktus des therapeutischen Gesprächs hat Priorität, dass der Schüler in seinem Problem verstanden wird; im Dokusan hat Vorrang, dass die Botschaft des Lehrers vom Schüler erfah-

ren und verstanden wird oder zumindest in sein Üben aufgenommen wird. Dass diese beiden Ebenen oft ineinandergreifen, versteht sich von selbst.

13 Die vier großen Gelübde sind nicht zu verstehen im Sinne eines moralischen Versprechens, sondern sie sind der Ausdruck des Erkennens der wahren Wirklichkeit. Sie zu sprechen bedeutet, die Erinnerung an diese wahre Wirklichkeit in sich zu wecken.

14 Siehe Anmerkung 6.

15 Nähere Erläuterungen finden sich in: Silvia Ostertag: Übergänge im Leben. Von der Praxis des »Initiatischen Gebärdenspiels«, Seeg 1993 (Eigenverlag, zu beziehen über: www.bildungsstaette-seeg.de).

16 Siehe Anmerkung 12.

17 Ein bedeutender Rezitationstext im Rahmen der Zen-Praxis.

18 Konzentrierter Text aus der mahayana-buddhistischen Weisheitsliteratur; spielt als Rezitationstext in der Zen-Praxis eine große Rolle.

19 Siehe dazu auch Peter Fenner: Reines Gewahrsein, Radiant Mind: ein praktischer Weg zum Erwachen (erscheint im Herbst 2008).

20 Siehe Anmerkung 4.

21 Siehe Anmerkung 5.

22 Siehe Anmerkung 8.

23 Fall 18 aus der *Koan*-Sammlung Mumonkan.

24 Fall 16 aus der *Koan*-Sammlung Mumonkan.

25 Fall 19 aus der *Koan*-Sammlung Mumonkan.

26 Überlieferter Frage-Antwort-Dialog zwischen Schüler und Meister, in dem es um das Offenbaren der Wesenswirklichkeit geht.

27 »Gesang vom Erkennen des Tao« von Yôka Daishi (665-713).

28 Siehe Anmerkung 6.

29 Siehe Kapitel 5.

30 Siehe Anmerkung 8.

31 Schule der drei Schätze, siehe www.sanbo-zen.org.

32 Drei bedeutende Rezitationstexte im Rahmen der Zen-Praxis.

33 Übungsraum für das *Zazen*.

34 Siehe Anmerkung 4.

Printed in Poland
by Amazon Fulfillment
Poland Sp. z o.o., Wrocław

35479638R00093